細田雅春

社会はなぜ「現代建築」を受け入れるのか

Why do we accept contemporary architecture ?

日刊建設通信新聞社

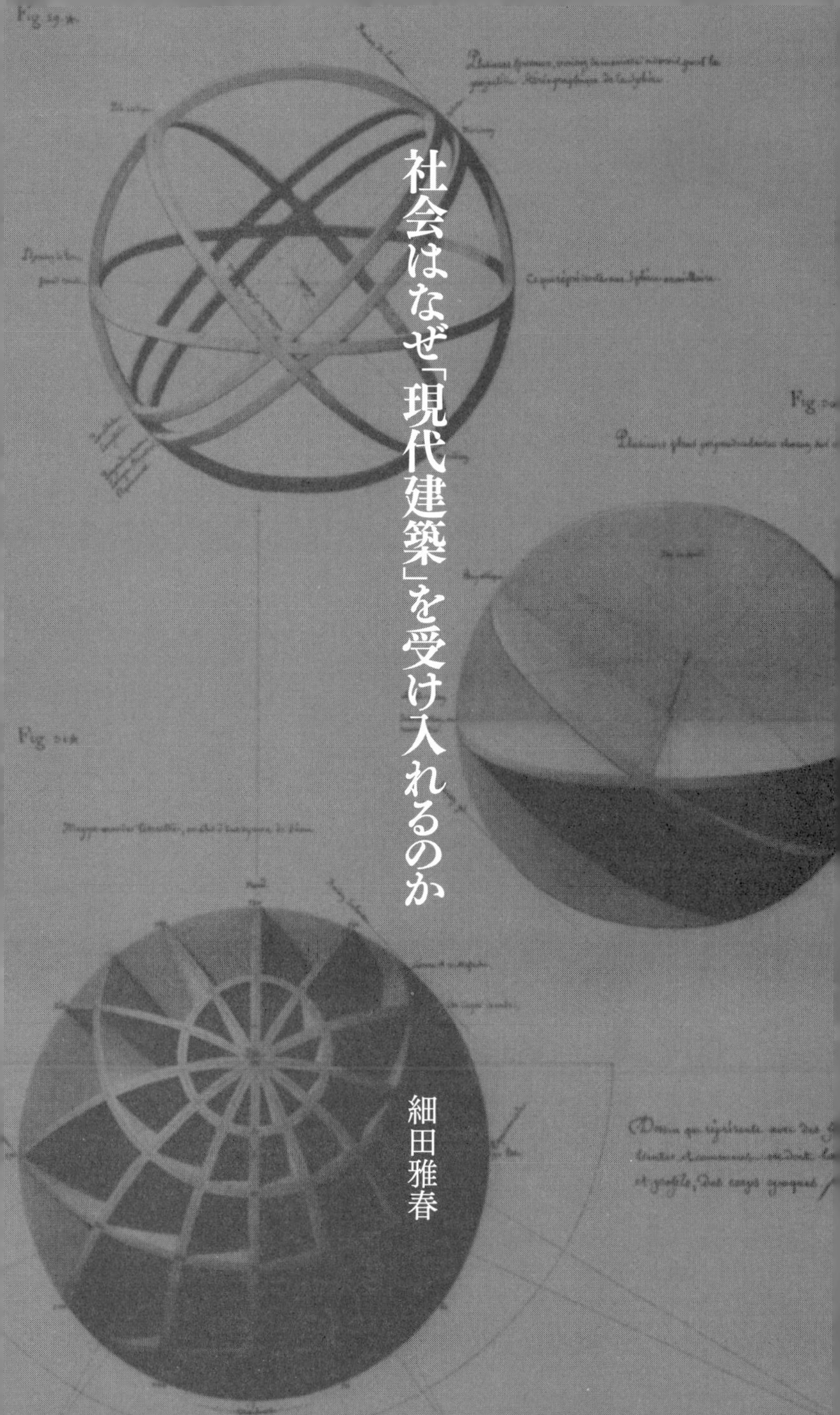

社会はなぜ「現代建築」を受け入れるのか

細田雅春

序文

見えざるもの、醜いもの、嫌悪を催すもの、そして古めかしいものなど多様な要素が、われわれの身の回りには無数に存在している。しかし、そうした要素は隠蔽（いんぺい）されて、心地よくて美しく、誰にも喜ばれることが世界の表面には登場する。それが誰もが願う世界の姿だろう。

突然どこからともなくやってきた新型コロナウイルス感染症は、世界の社会活動を一変させた。個人の生活ばかりか都市の活動にまで侵入し、人間の社会をも解体しかねない勢いで蔓延（まんえん）した。ロックダウンにより都市活動が停止され、社会の動きがなくなり、人々は自粛生活を余儀なくされた。企業活動も閉ざされ、負の連鎖が始まる。こうした事態がいま現実になり始めているのである。

新型コロナウイルス感染症が世界に拡散し始めた時、私は高校生のころに読んだアルベール・カミュの『ペスト』を再読してみた。当時の読後感は薄れていて、恐ろしいペストという疫病が、戦争や貧困にあえいでいた人々の内面に与えた影響と、その背景となっている地中海のまばゆいばかりの青き海と空のもとに繰り広げられている物語の文体の美しさが脳裏に残っていたが、今回の読後感は全く異なったものとなった。現実の世界において、実際に人類がコロナ禍に対処しなければならない事態に置かれていたからであろう。

いま私たちはこれまでの日常世界からは見えなかった疫病や死という、恐ろしく、出合いたくないリアルな現実に直面しているが、カミュはペストを単に疫病としてではなく、時代の、そして人間自身の持つ不条理の象徴として描き、人間の不幸と戦うこと、戦争や貧困という社会的矛盾と、そこで生起する人間の葛藤こそが現実の世界であることを小説として表したのである。

さて、都市や建築を考える時、われわれは美しく、心地よい場所、空間を目指して設計する。あえて醜い要素や不条理なものをそこに挿入することなどは微塵も考えない。しかしながら、世界は常に不条理に満ち溢れている。この時代にあって、改めて建築とは何かを問うことがアクチュアルな問題設定になったのは、端的にいえば、コロナウイルスが世界を変え始めたからである。美しい世界を描くために必要な要素は、美しいものだけではないだろう。醜いもの、あるいは見えないものが対極にあって、はじめて美の存在が見えてくるのではないだろうか。

都市や建築には私たちの生活、活動のすべてが包含されている。日常の生活だけではない。未来への希望や期待、そしてそれにも増して醜い姿も露わになり、時には絶望や悲劇までも表出することすらある。それが都市の本来の姿というものである。

しかしながら、われわれの日常という表面に現れる都市の姿は、常に誰かが意図した、つくられたものである場合も多い。

ここで思い出されるのが、米国の作家、ジャーナリストのトム・ウルフの著書『バウハウスからマイホームまで』(邦訳は晶文社、1983年、原書は81年)である。刊行当時、建築関係者ばかりではなく、一般社会にも大きな反響を呼んだ。バウハウスは1919年、ドイツのワイマールに設立された近代デザイン・近代建築の総合教育機関であり、近代思想のもとに合理主義、機能主義を目指すモダニズムの源流になった。そこでの思想的潮流が世界に広がり、とりわけ20世紀初頭の米国で花開くことになったわけだが、トム・ウルフは、モダニズムがアメリカではあまりに教条主義的になっており、人間の本来の感情や心情を表すことにはなっていないと批判する。モダニズムとは、過去の歴史や個性から断絶し、工業化社会に代表される合理的思考のもとに生まれた運動である。アメリカ社会はその正当性を受け入れてきたが、それが教条化してしまい、美しく整理された、あたかも工業製品のような建築が建ち並ぶことになった。トム・ウルフはそうした状況に皮肉を交えつつ、市民の願望や欲望を抑え込むモダニズムを批判したのである。

また都市については19世紀に活躍したフランスの小説家、バルザックの作品の中に、当時のフランスの都市の風俗について詳細な記述が残されている。バルザックの都市には猥雑(わいざつ)さと得体の知れない魅力があり、それこそが都市の原動力に見えてくる。それが都市の持つエネルギーであろう。

そして、いまや世界の状況はグローバル社会という現実の只中にある。インターネットにより、情報が世界を一瞬のうちに駆け巡る社会が出現し、世界の隅々にまで情報が伝達、しかもそれらの情報の取得は無論のこと、インタラクティブな関係も即座に構築できるようになった。いまや実際の都市や建築もそうした世界の中にある。

そうした現実は、単に一つの方向を指し示すものではない。この社会において、イデオロギーや国家の政治観、過去の歴史主義やモダニズムさえも拒否されることはない。ただし、その代わり、それらを容易に受け入れる確固たる素地もないということではないだろうか。すなわち、われわれは主題なき時代、リアリティーなき社会に生きているということになるだろう。

しかし、現実にはそれは富める者とそうではない者に分断され、格差が広がる社会であり、そうした社会の中で、われわれは多様性を受け入れざるを得ない状況に置かれているのである。受け身型社会といってもよいが、これがポピュリズムに支配された社会の現実である。

しかしながら、そうした多様性には根拠がないわけではない。人や地域、社会などのそれぞれにはさまざまな背景が存在する。しかもそれらは、すべてが日常の美しいと思われる場面や、いまという時代において必要という事柄ばかりではない。先に示した影の世界、見えない、あるいは見たくもない世界が常に存在して社会や都市は成り立っているからである。そうした背景との関係は極めて重要である。そこに個性というアイデンティティーが存在するからである。

本書で述べる「現代建築」とは多様性を内在させた現代に生まれた都市や建築のことを指す。本書のタイトルを言い換えれば、「社会はなぜ多様性を受け入れるのか」となるだろう。

本書のタイトルのヒントとなったのが、本文でも取り上げている英国ヨーク大学の生物学者クリス・D・トマスの著書『なぜわれわれは外来生物を受け入れる必要があるのか』(原書房、2018年)である。彼はその中で、「外来生物は、いまや急速な絶滅の時代であることも認めた上で、「失われたものを悼むべきだが、同時に得られたものにも拍手を送るべきだ。私たちは新しい個体群、系統、種が急速に形成される時代に生きている。結局、人(じん)

新世（しんせい）の生物学的大変動は、ほぼ確実に6度目の新たな生物多様性の創出を意味する。それは過去5億年で最大の進化による多様化の加速かもしれない」と述べている。

いま私たちは新型コロナウイルス感染症の災禍の真っ只中にいる。急ピッチで開発されたワクチンが、果たして期待通りの効果を挙げるのか。仮に免疫を獲得することに成功しても、ウイルスとの戦いがなくなるわけではない。今後、この現実を日常として捉えることが、もはや不可避であると考えるべきだろう。ウイルスは過去の歴史を見るまでもなく、何度も人類に襲いかかってきたからである。そしてまた、ウイルスによって、人類はむしろ進化してきたともいえるからである。ウイルスの災禍は、人類の英知への挑戦であり、われわれが築いてきた文明への試練でもあるということだ。

そして、ウイルスという微細な世界がもたらした災禍は、都市や建築を考える上で、さまざまな今日的問題をあぶり出してくれたように思う。いまわれわれは、まさにグローバルに生きざるを得ないし、世界を瞬時に駆け巡る情報やデータの中に生きているが、同時に生身の人間として地球上の多くの生物とともに生命が維持されているという現実も忘れることはできない。

私が本書で一貫してテーマとしてきたのは、都市や建築の機能的配置や空間のデザインといった物理的な問題と、容易に解くことができない社会的問題との相関である。それらは異なるフェーズにあるが、フェーズの差異に潜んでいる問題こそがわれわれに問われている真の問題であるということがコロナ禍によって、あぶり出されたことも事実であろう。

このような視界のもとに、私のささやかな挑戦の「記録の断片」が収められているのが本書である。

目次

第2章◉設計と執筆の営みの中で……85

第3章●理性なき社会への凝視……177

第5章◉経験としてのパンデミック——コロナ時代を問う　281

❖本書は、著者が2017年9月28日から20年12月22日まで日刊建設通信新聞の「建設論評」に連載した記事、および特別寄稿の記事を加筆訂正してまとめたものです。

❖各稿の末尾の年月日は掲載日です。

第1章

新たな潮流を読む

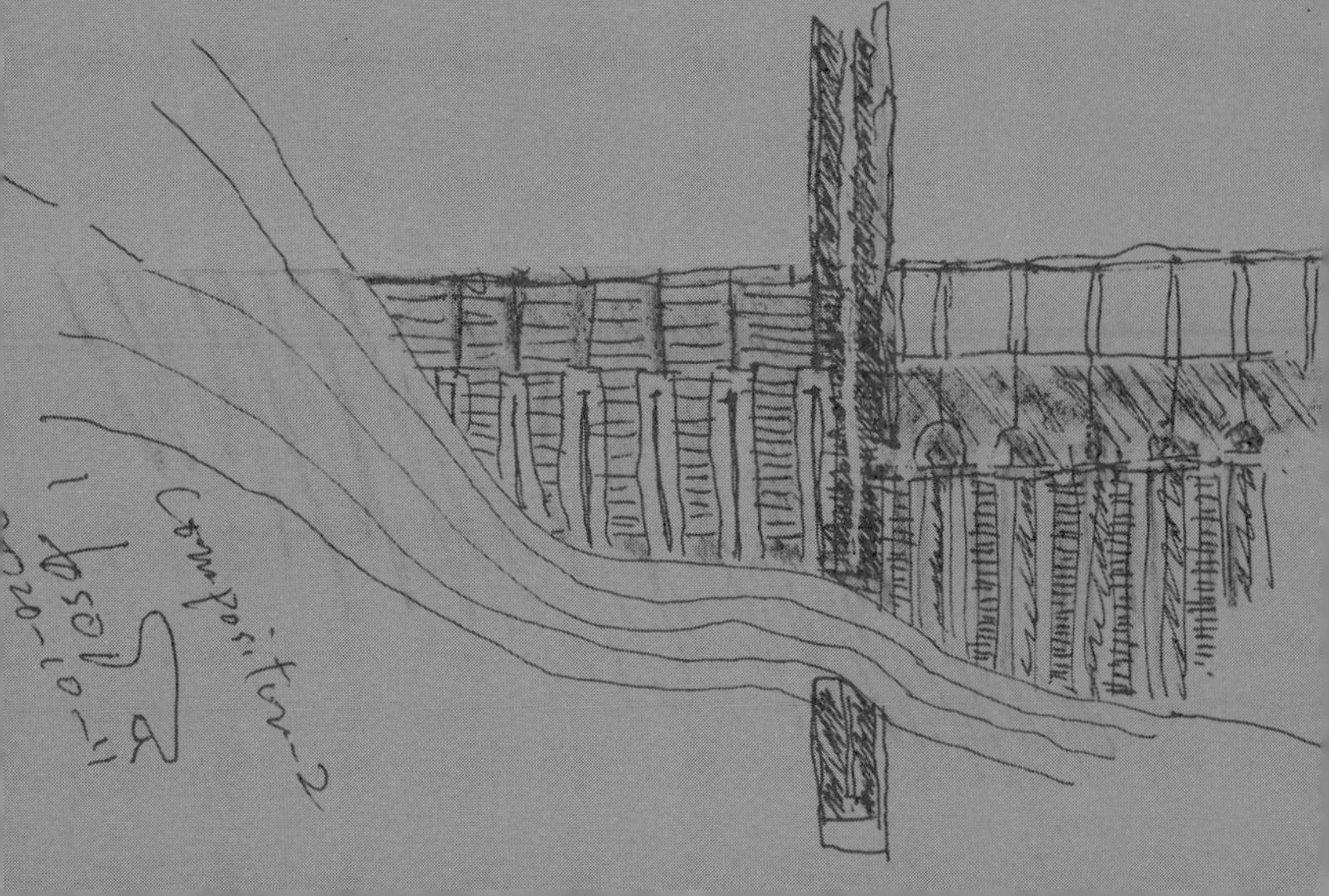

交通インフラと自動車の未来

自動車の世界は、現在大きな転換期を迎えている。

自動車の駆動方式がガソリンエンジンから電気モーターによるＥＶ（電気自動車）に変わり始めた。さらにＡＩ（人工知能）による自動運転や運行システムの高度化など、自動車自身の変化と同時にそれを取り巻く環境までもが大きく変わろうとしている。

ガソリン車は19世紀末、ドイツのカール・ベンツによる、現在の自動車の原形に近いエンジン駆動車の発明がその始まりといわれている。その後、自動車の大衆化を進めたのは米国で、１９０８年に登場したのがＴ型フォードである。やがて20世紀は化石燃料を湯水のごとく使用する時代となり、排気ガスや温室効果ガスによる大気汚染、地球温暖化が深刻化してきた。その対策となるＥＶ化もなかなか進まなかったが、蓄電池の性能向上と深刻な環境破壊を前にして、自動車業界は追い詰められている。

特に、米国のテスラがＥＶ専門のベンチャー企業としてリスクを抱えながら走り出したことは、大企業が居並ぶ自動車業界に多くの刺激を与えてきた。いまやテスラもＥＶへの確信を得て、大企業にも太刀打ちできる量産体制の構築に動き出した。ガソリン車から

EVに趨勢が変われば、関連する企業の種類や体制、流通など、産業構造全体が大きく変わる。さらには自動運転の導入などが進めば、いままでの自動車の概念が変わるほどの革新を迎えることになるだろう。

その革新に沿って物流の変化も期待される。トラックやトレーラーによる大量輸送が直面しているのは、渋滞や事故、排ガスやドライバーなどの人材不足の問題である。そのため、鉄道や船舶などの利用への転換が進められてきたが、余白がないなどの理由で暗礁に乗り上げてきた側面がある。

自動車の革新が進めば新たな可能性が生まれてくる。それはまさに、自動車のEV化、自動運転、さらにコンピューターの処理能力の進化である。日本全土に張り巡らされた道路網と自動車の運行システムが連動すれば、一挙に混雑解消と効率的運用が可能になる。超高速処理が可能なコンピューターは、「量子コンピューター」の実用化に期待される。それによって、自動車自らが最適コースを選択し、現在の道路の数倍の効率化が可能になるといわれている。当然、自動車やその運用制御のレベルが上がれば、道路そのものの形式も変わる可能性も出てくる。荷物の受け手側の問題は残されているが、それは難しい問題ではない。

そうなれば、自動車と道路の新たな関係が見えてくるに違いない。自動車ほど自由度が高く、選択性の高い移動手段はないが、そのことに依存してよいかは別の問題であろう。コストも鉄道や船舶などの投資効果に比較しても格段に安いだけに、分散化された個別化は、問題解決の課題に応えている。

また、鉄道や船舶輸送に期待する向きもなくはないが、不足部分を補うという発想は現実的ではない。変化する未来への対応は、観光や新たな産業への開発・変化に期待するべきだろう。

しかしながら、今までにない人やモノの移動を司る交通インフラのイノベーションの先の未来はどのように変わるのであろうか。

（2017年9月28日）

技術革新の変化と未来

「交通インフラと自動車の未来」（20ページ）で示した、技術の進歩という現実が人間の想像力を超えるほどの世界を生み出す可能性について、その続編を述べたい。それは、歴史の検証を待つまでもなく、技術の可能性には常にリスクが付きものであるからである。技術の進歩をただ楽観視してもろ手を挙げて歓迎することはできない。その補足なくして、技術論は語れない。

20世紀後半から始まったコンピューターによるネット社会の出現、そして、現在のコンピューターの能力をはるかに凌駕(りょうが)する、超高速処理が可能な「量子コンピューター」が実現すれば、あらゆる状況の最適化がAIを駆使することにより可能となり、人間の能力をはるかに超えることになるという。ここに技術の進歩の飛躍的広がりを見ることはできるが、では技術の進化は万能なのか、という問いも必然的に生まれる。

人間をはるかに凌駕、AIが状況を最適化

ここでは、独創性あふれる経済理論で世界的な名声を博したソースティン・ヴェブレン(1857–1929年)の思想に依拠しながらこの問題を考えたい。筆者の知る限り、ヴェブレンの思想はジョン・メイナード・ケインズ(1883–1946年)や、東京大学の教授を務めた宇沢弘文(1928–2014年)などの世界的な経済学者にとどまらず、経済の分野を超えて、優れた都市批評を残したジェイン・ジェイコブズ(1916–2006年)などにも影響を与えている。

彼らの展開した技術論、とりわけ自動車についてのベネフィットとリスクについては、ガソリンエンジン駆動の社会的背景を前提にしているが、議論の本質は、いまなお色あせ

ることのない示唆を持っている。ヴェブレンは、資本理論の中で、経済発展に対する重要な要因は技術の進歩であると考えている。技術の進歩において、資本の蓄積が可能になるというのだ。そして、資本が蓄積されることが資本自体の性格を大きく変えるという。

これは20世紀前半、世界大恐慌の直前に亡くなるまで、彼が考えていた資本論の核心である。その後、ヴェブレンの理論を発展させた宇沢の著作『自動車と社会的費用』(岩波書店、1974年)はいまなお輝きを放っている。その中で宇沢は、資本主義、社会主義という既成の体制概念を超え「社会的共通資本」を中心とする制度主義の概念をよりどころに論を進め、数理経済学を駆使して、自動車の「社会的費用」がその利便性を超えることを定量的に論証し、自動車には大きな社会的リスクが伴うことを明らかにしている。

技術進歩が資本蓄積、利便性超えるリスクも

もちろん、同書はガソリン車の時代に書かれたもので、現在のシュリンクし始めている少子高齢化社会とは異なり、工業社会による経済成長期を背景としていることはいうまでもない。それゆえ、いまや現代はEVや自動運転、さらには先に述べた量子コンピューターとAIによる運行システムによって、考えられるあらゆるリスクが解決されるという主張もあるようだ。しかしながらその根底には、技術そのものに対する極めて楽観主義的

な捉え方があるのではないのか。

宇沢は、そうした楽観主義への疑義に基づいて「社会的共通資本」や「社会的費用」を検証したのである。時代の変化や革新があっても、技術の進化には常に大きな社会的負荷がかかる恐れがあるという考えのもとに、その本質は変わらないということを示しているのである。リスクを伴わないベネフィットはあり得ないということだ。例えば、原子力開発の歴史を見れば明らかであろう。夢のような技術的進歩が、後にさまざまなリスクの原因となり、深刻な事態を引き起こす事例は枚挙にいとまがない。

20世紀のガソリンエンジン駆動の自動車は、まず交通事故による犠牲者を生んだ。そのほかにも、大量の排ガスによる公害の問題や自動車による犯罪など、リスクの拡大は計り知れない。さらには、道路の建設と、修繕などその後のメンテナンス費用も増え続けるばかりである。そこに宇沢のいう「社会的共通資本」の問題が発生する。まさに、道路という「社会的共通資本」の独占的な使用や、その結果としてのメンテナンスの必要性の増大などによって、自動車の社会的費用は限りなく増え続ける。宇沢は、そうした費用の増大を道路と自動車、社会の関係を視野に捉えながら、制度的資本との枠組みを含めて数理的経済学の観点からきめ細かく分析、自動車そのもののあり方に警告を発しているのである。

21世紀の都市・社会、夢の自動車の行末は

こうした観点は、ジェイコブズの著書『アメリカ大都市の死と生』(鹿島出版会、69年、新版2010年)の都市論・環境論とも符合している。ジェイコブズは、単に自動車の利便性を問題にしているのではない。彼女の重要な視点は、都市の不確実性、多様性を軸に、ヴェブレンの指摘した消費行動原理に沿って「都市」という存在の本質的なところからの視点に立った上での「自動車の削減」という問題なのである。ヴェブレンの影響を強く受けた米国の経済学者ジョン・ケネス・ガルブレイス(1908－2006年)も、都市という人間活動の空間において、公共性の認識と社会性の評価の中で、パブリックとプライベートの問題を指摘している。自動車、特に自家用車は極めて個別性の高い交通機関であり、そこには公共性が大きく欠落している。ヴェブレンは「人間的な点から魅力的で、しかも地球環境に優しい、21世紀の都市の在り方を示す」と述べているが、そうした社会と自動車は共存できるのか。宇沢の数理経済学を用いた議論も、そうした帰結から導き出されているのだ。

いま開発が進みつつある革新的な技術が夢の自動車の世界を出現させることになるのか、そして夢の自動車が未来の都市へと私たちを導くのか、この一文は、そうした問いに対するいささか不安な検証である。

(2017年10月31日)

デジタル空間と共同体

昨年（2016年）の「パナマ文書」に続いて「パラダイス文書」が話題になっている。タックスヘイブンでの節税がデジタル空間の中で取り沙汰される底知れぬ深い現実が進み始めている。

一方、日常の世界では、SNS（ソーシャル・ネットワーキング・サービス）などの普及でリアルな現実を離れ、虚構の会話の中でさまざまな事件が引き起こされている。実体の伴わない投資や詐欺事件など、負の世界が拡大する様相は、デジタル空間から得られるメリット以上に人類の欲望がますます拡大しているということだろうか。また、デジタル空間の特徴は、アナログ的情緒のない会話やコミュニケーションである。パソコンを開けば、次々とアクセスしなければならない、いや、する必要もない事柄にもアクセスしてしまうことになって、強迫観念に駆られて日常を送ることになる。デジタル空間に生きるということはそういう生き方を強いられる環境にあるということなのである。

そうした現実とは反対に、自然とともに生きるライフスタイルに価値を見いだそうとするトレンドがある。デジタル空間とは無縁な生活を体験したいという欲求の表れなのか。

田舎暮らしというトレンドもそうだが、それ自体は批判するつもりはない。したければすればよいだけのことだが、デジタル空間を否定して、あるいは後戻りしても、明日の世界を引き寄せることなどできるはずはない。人間同士のコミュニケーションのあり方がその原点にあるからである。

コミュニケーションとは意志の疎通によっていわば新たな共同体をつくるということである。特に現代においては、かつての地縁や血縁ではないグローバルな環境の中で生み出される新しい共同体の姿である。

コミュニケーションのあり方が、利便性という経済的利益によってだけ結ばれた現代社会の中でゆがめられ、悪用されたり、あらぬ方向に歪曲され、負の伝達が拡大しているのは事実である。デジタル空間では人間の情緒的側面が排除される傾向があるからである。相手の顔の表情や所作、息遣いが感じられないということだろう。すなわち、数字や言葉などの言語的側面と情緒的側面の両面がそろい、社会的環境・背景と密接につながっているという意識を持てなければ、コミュニケーションの本来の意義は発揮できないのである。

16世紀のマルティン・ルターの宗教改革は、活版印刷術の発明という新たな情報伝達の方法によって広がったことは事実だが、その背景には改革を希求する民衆の意識があったことを忘れてはなるまい。

いま、その両者のバランスが大きく崩れたのは事実だ。「共同体」の意義が見いだせないまま、情報の意義の選択はできるはずはない。しかしながら、デジタル空間に生きざるを得ない時、情報過多を回避するための情緒的迂回は単なる気休めにしかなるまい。社会が何をあなた自身に問いかけているのか。そして社会と向き合い、明日をどう生きようとするのか、それを検証する能力が、いま問われているのである。

もはや、時代の歯車を止めることはできないのである。そのスピードを減じることはできてもだ。

（2017年11月22日）

人口問題と企業の変質

日本の少子高齢化は深刻である。とりわけものづくりの現場では人材難が叫ばれている。専門的技能を持った熟練工の技を伝承・継承する担い手の不足、賃金の高騰、労働環境の変化など懸念材料が山積している。建築界でも人材を確保するために企業はさまざまな手立てを施し、人材の囲い込みに躍起になっている。

一方、サービス業などでは過剰な人材の扱いに苦慮している。大手銀行、百貨店などがその代表である。バブル期に過剰に採用した人材がいまになって余剰労働力となり始めたということである。早期退職や子会社への転出などで過剰な人材の削減を図ってはいるが、抜本的問題解決には程遠い手立てしか打てていないのが実態であろう。

日本は急速な高齢化に伴って人口減少も加速している。既に2016年の出生数は100万人を割り込んでいるような状況で、65年には人口が8000万人台と予測され、ピーク時から4000万－5000万人も減少するという驚くべき数字が見えている。

こうした現実の中で、サービス産業では余剰労働力の削減に苦慮している。余剰労働力の問題の背景には、社会の変容や消費の減衰、賃金の高騰などがあるのだが、最大の原因は、いま確実に進行しつつあるIT化、AI化によって業務を効率化し、人間の労働力を必要としない方法にかじを大きく切り始めていることである。

一方、生産の現場では労働者不足に悩まされるというアンビバレントな状況にある。こうした二極化現象の問題点はいうまでもなく、生産の現場の取り組みの遅れである。ものづくりにおいては、中小企業から大手ゼネコンまで、機械化や工業化、ロボット化、IT化がいかに遅れをとってきたか。それがいまになって深刻化しているのである。無論、専門的で高度な人材教育や技術の伝承を怠ってきたことも否めない。このことは日本の産業界と若者の教育システムのあり方にも大きく関わっている。情報としての知識習得型教育に対し、日本の産業界に不可欠な教育システムとは何かが見えていない。そして企業と大学との社会的連携がいまだに機能していない。産学協同という言葉はあるが、実態はどこまで現実を把握しているのかはなはだ疑問である。

上述したサービス業の銀行や百貨店などの業態は、今後どのように変貌していくのか、デジタル社会に連動を強めていく方向は間違いない。ネット販売やフィンテックによる決済などが主流になれば、既存の業態が解体される可能性すらある。

こうした社会的変動は、すべてが同時に起こるわけである。人口動態と企業の盛衰は連動する。もはや、いままでの成長路線を歩んできた社会構造とは明らかに異なる社会の姿を予測しなければならないのである。いうなれば成長期の変数は一つであったが、これからの社会予測にはその変数が複雑化していくことを前提にしなければならないのである。

建築界も、この現実を傍観しているわけにはいかない。すべての社会的変化に連動してくるからである。明日のわが身を考える時は、既にそこにある。

（2017年11月29日）

社会インフラとビッグデータの進路

日増しに私たちの日常が変わり始めている。スマートフォンの多彩な機能がそれを証明している。外出先から自宅の家電の操作が可能になり、小型ロボットが音声だけでさまざまな要求に応えてくれる。しかも使えば使うほど、学習し能力を高めていく。ＡＩが私たちの生活に深く入り込みつつある、という実感を誰もが持つような現実である。

同時にビッグデータの活用が大きく進行し、社会経済活動の変革をもたらし始めている。しかも限られた分野にとどまらず、極めてオープンに活用できるように進化しているのである。ＡＩとＩｏＴ（モノのインターネット）の深化がもたらした現象である。

さらには、いま開発が進行している量子コンピューターが実用化されるようになれば、その情報処理能力は途方もない進化を遂げることが予想される。既に本稿でも述べているように、自動車の自動運転制御と道路網の情報処理を統合した新たな交通システムは、量子コンピューターのネットワーク構築能力によって大きく前進することになるだろう。

経済の分野でも、フィンテックなどの領域を超えた経済行為は、もはや既存の業務分野を凌駕（りょうが）し始めている。マクロな視点で見れば、産業構造の再構築が始まっているのである。その一翼を担うのがビッグデータの共有・分析による新たなグローバル・ネットワーク社会である。しかし、玉石混交状態のデータの質をいかに向上させるかは極めて大きな問題だ。その学習をＡＩがどこまでできるのかがいま問われている課題でもある。

さらには、データが玉石混交であるばかりか、その中に含まれる恐れのあるフェイクやイミテーションの峻別（しゅんべつ）がどこまでできるのか、あるいは犯罪やさまざまな悪事につながる事象の排除など、ＡＩのさらなる進化に期待しなければならないことは多々ある。そして、そこに人間のアナログ的思考、判断が介入可能なのかという課題も残されている。

本来のスマート社会が理想とするのは、バーチャルとリアルの両面をバランスよく組み込んだ世界であろう。その処理においてはＡＩによるバーチャルな世界が仕切るという期待があるが、人間を忘れた世界構築などあり得ない。ＡＩが人知を超えることはあっても、支配されることはないはずだ。

問題の核心は、ビッグデータと身の回りのアナログ的データの共存である。人間の日常と社会生活は、この両者が併存し混ざり合って初めて成り立っている。人によってはアナログ的感覚だけで生きているつもりの人も少なくないだろう。しかしながら、今日、社会インフラやビッグデータと無縁で生きることもできない。それは、人間の生きているという感覚のリアリティーの問題だ。バーチャルという虚構の世界に生きる限界は必ずや訪れてくる。サイバー世界の矛盾はリーマン・ショックを見ても明らかである。人間の感覚を凌駕した世界は、時には人知を超えて暴走し、期待した進路を失うことになる。

これからの世界の進路は、AIと人間の感性に連動したビッグデータとの関わり方、その因果関係を見極める分析力にかかっている。

（2018年1月17日）

資源という力

「BRICS」という言葉がある。ブラジル、ロシア、インド、中国に南アフリカを加えた5カ国を指す。安価な労働力と豊富な資源が世界経済のけん引役として世界的に期待されたのである。とりわけ、ブラジル、インド、南アの3カ国は資源国として注目度が高く、リーマン・ショックも大きなダメージを受けずにきたが、現在は資源の需要と供給の乖離（かいり）で苦しんでいる。事実、サウジアラビアなどの主要産油国でも、資源頼みでは国の経済運営が将来的に困難になると認識し始めたという事実は、資源の需給バランスの乖離の証左であろう。

特に南アフリカはこうした資源問題をあぶり出してきたといえる。ジェイコブ・ズマ前大統領の政権は資源を蕩尽して経済的危機を招き、2016年前後には対ドル相場で最低レベル、GDP（国内総生産）もほぼゼロ成長にまで落ち込み、破綻寸前まで追い込まれた。先日、議会は元実業家で副大統領のシリル・ラマポーザ氏を新大統領に選出したが、その行き先には多くの困難が待ち受けている。資源頼みの体質から脱出できるのか。南アの資源の豊富さは尋常ではない。例えば、プラチナは世界の輸出量の過半を独占している。そのほか、金やダイヤモンド、マンガン、クロムといった希少金属などの埋蔵量は世界的にも高水準にある。これらの資源が国を豊かにしてきたのだが、資源頼みがかえって国を逆境に追い込む結果となったのである。

つまり、世界の資源への関心やアプローチが少しずつ変わり始めたのである。地球温暖化への危機感の中、脱石油の機運が高まり、OPEC（石油輸出国機構）の国々も危機感を強く持ち、新たな産業開発へかじを切り始めている。その潮流が、石油にとどまらず、資源頼みの姿勢を変えつつある。産出国ばかりではなく、輸入国も資源への関心を新たな方向に向け始めた。再利用や新たな技術開発である。例えば、需要が急増するバッテリーに不可欠な希少金属のリチウムは一部企業による寡占状態にある。これに対して、日本でも再利用技術の開発など、さまざまな打開策が試みられている。ガソリン車からEVへの転換も同様である。

とりわけ、そうした環境下で注目すべきは、世界的潮流が起こりつつある、木材の建築的利用の深化である。加工が容易で親しみやすい素材であり、近年では構造材としての用途も進められている。また、適切に植林して管理すれば、永続的な生態サイクルを生み出すことができる。その上、CO_2の固定にも有益であり、森林国日本にとって極めて有益な資源であろう。しかしながら、使い捨てや無際限な浪費、人材不足による森林の荒廃が続けば、その再生もおぼつかなくなることはいうまでもない。だからこそ、産業界を中心に森林に対する意識を変革して、トータルな木材の利用・再生サイクルを構築するための仕組みづくりが待たれるところである。

サウジや南アも国家の意志のあり方が問われているが、資源に乏しい日本の姿勢は、消費する立場からも、極めて大きな課題が問われている。

（2018年3月5日）

人口減少の現実

日本の人口減少と高齢化が深刻化しつつある。とりわけ、地域産業の担い手不足、その高齢化によって、地域産業自体の衰退が始まっている。牧畜や水産・林業など多くの分野で事業の継承ができずに廃業に追い込まれる事態が続出している。

一方、地方自治体が管理運営する公共施設も利用者の減少に伴って運営自体の意味がなくなり、負担が深刻化している現実がさまざまな場面で露呈してきている。高度成長期に人口の増加と歩調を合わせて、都市を途方もなく拡大し続けてきた結果であるが、人口増減の逆転現象により、日本は未知の世界へ突入している。人口減少が著しい自治体は、施設の新設や更新などに手を付けることが不可能な事態に直面している。新聞報道でも、施設の維持経費が予算を上回るために、施設の解体に着手する自治体が増加しているという。鉄道やバスなどの公共輸送サービスにおいても事態の深刻さはいうまでもない。高度経済成長期に網の目のごとく張り巡らされた道路網や電気、上下水道などのインフラも維持管理が不可能になりつつある状況が目に見えてきた。人手不足はさまざまなサービスに支障を来し始めているのである。

少なくとも人口減少の局面においては、成長期に拡大し、膨張した地域や国土の見直しは避けて通れるものではない。問題なのは、それらが使われなくなったならば放置すればよいというわけにはいかないからである。拡大した地域や場所には、現在でも少なからず人々の暮らしが残っている。公共サービスの役割と使命という観点からしても、それらの人々を見放すことは許されない。都市の無秩序な拡大のつけがいまになって、取り返しのつかない事態を引き起こし始めているのである。

筆者は、いち早く人口減少に伴う都市の構造的転換を主張してきた。いわゆるコンパクトシティー構想である。効率的で集約化され、より快適に暮らせる都市構造への転換である。しかし、こうした構想も一足飛びに実現することはできない。いうまでもなく、スプロール化した都市を一気に集約することなどできるはずがないし、そうした地域の人々の生活を有無をいわさず断ち切ることなど、よほどの政策的決断が必要になるからである。政治の劣化、産業の空洞化など国家ビジョンの弱体化が事態の深刻さを助長させてきたのではないのか。社会保障問題も同様である。ビジョンなき国家の政策のつけが、まさに善良な国民の足元をすくい始めたのである。

人口が減り、財政が貧すれば、何もできなくなるのは当然である。多少財政的余裕がある時に将来の事態を予測し、対応策を考えることがまさにビジョンなのである。それこそが政治の使命というものである。政治の使命を果たすためには、関連する知的集団の力の結集が求められる。政府にはそうした事態への配慮がどこまでできていたのか、人口減少や高齢化の問題は早くから織り込み済みだったはずである。すべてが後手に回り始めている。政治の役割とは何かを、改めて考えざるを得ない事態を迎えている。

（2018年3月29日）

加速する脱石油

世界の自動車産業の再編が加速している。

その最大の課題は石油（ガソリン・軽油）からの離脱、ＥＶへの転換である。英国やフランスは明確にＥＶへの転換を宣言している。いまや世界的に石油依存からの脱却が始まっているのである。

世界最大級の産油国であるサウジアラビアやアラブ首長国連邦のドバイなどは石油中心の産業構造からの脱却を目指して、経済の多様化にシフトしつつある。原油価格下落による自国の経済の低迷が最大の原因であるが、既に先進国の石油需要は頭打ちの様相が見え始めているからである。また、２０１４年以降、原油産出量世界一の座についているのは米国ということもあり、産油国の危機感は深刻であるといわれている。

実際、サウジでは日本の企業と提携して、石油から水素を分離する無公害の水素産業へ乗り出す体制を準備し始めている。水素と電気の連携や供給施設の設置など、普及には多くの課題が残っているが、時代が着実に脱石油化へ向かっていることは確かである。日本でも石油を用いた火力発電は減少の一途をたどっている。

しかしながら中国やインドなど巨大な国では、いまだ脱石油とはいきそうにないのが現状だ。成長の過渡期であるということもさることながら、水素や再生エネルギーなどの現実的効率性が見えていないからである。原油大国としての米国の戦略や出方が注目される所以（ゆえん）である。

とはいえ、世界のエネルギー戦略は、明らかに脱石油へかじを切りつつあるということであろう。問題は、米国、中国、インドなど大国の思惑である。

世界の潮流に逆行することを回避する施策を打ち出せるか。自国ファーストを主張する大国に世界のかじ取りを任せることはできない。その意味では、サウジの現実的政策転換には大きな意義がある。現代文明の寵児（ちょうじ）である自動車産業とその周辺に構造変革が起こり始めているということである。課題はまだ多いが、その先には多くの可能性が開かれている。

それは資源の消費から循環への方向転換を示している。言い換えれば、「なくす文化」から「とどめる文化」への転換でもある。なくすとは蕩尽（とうじん）であり、とどめるとは循環を意味することなのである。

何よりも重要なことは、転換の先にあるべき世界をどう構築するかだ。豊かさを消費するのではなく、とどめる世界を構築する必要があろう。その試みの中に多くのヒントを見いだすことができる。新たな世界文化の集積である。ヨーロッパでいえば、ルネッサンス期の経済の先に開いた富の形を変えた文化・芸術の姿であり、日本でいえば安土桃山から江戸期にかけての豊穣な世界のようなものであろうか。しかしながら、今日はグローバル社会である。当時の閉じた世界観ではなく、世界に開かれた、いままでにはない文化の姿が期待できよう。世界が共鳴し、多くの人が参画できる文化の姿である。資源国だけが有利な時代は、確実に過去のものになりつつある。「豊かな知恵や文化」を発信できる国こそが世界をリードすることになるだろう。

（2018年6月15日）

マイクロビーズ

海外では危機感が高まっているが、日本での危機感は極めて低い。そんな存在が、海洋に浮遊する微細なプラスチックの粒子の問題だ。そうしたおよそ5ミリメートル以下の微細な粒子をマイクロプラスチックまたはマイクロビーズという。化粧品や歯磨き製品など多くの日常品にも含まれ、現代社会の新たな公害問題になり始めている。既に海洋には1300万トン以上のマイクロビーズが浮遊しているといわれており、海洋生物の体内に蓄積され、生物そのものへの影響ばかりでなく、人間の生活や健康への影響が懸念されている。さらに大気中に拡散される超微粒のマイクロビーズも懸念される。空気中の水滴などに付着し、人体に多大な影響を与える環境ホルモンを生み出すという。

本来のホルモンは、生体の複雑な機能を調整する内分泌物質だが、環境ホルモンとは、外部から身体に入り、ホルモンに似た作用で生体に障害や有害な影響を与える内分泌攪乱（かくらん）化学物質のことである。

世界60カ国で計測されているＡＱＩ（空気質指数）では、例えばＰＭ2・5などを基準に汚染度が示されている。その汚染の実態がマイクロビーズによる環境破壊、とりわけ動物への悪影響を及ぼしている現実を知らなければならない。

米国では既に、オバマ大統領の当時、2015年12月28日にマイクロビーズ除去海域法が成立、ことし（18年）に入って、マイクロビーズが配合された製品の輸入・販売が禁止された。

一方、日本の建築界の反応は極めて乏しい。しかしながら、建築産業の裾野の広がりの大きさを考えればマイクロビーズの問題は建築界にも大いに関係することは明白であろう。空気中に飛散するものばかりではなく、下水道から海へと流出する場合もある。製品の現場での施工の問題など、実態はいまだわからないことが多いから、事態は余計深刻だといえる。

こうした問題は、極めて現代社会を象徴している。近代以前にはなかった問題であるが、石油文明を享受し始めてから生まれた公害が位相を変え始めているということであろう。石油の加工・応用技術の進化がまさに現代社会の現実を生み出してきた。現在もその恩恵は極めて大きいということもまた事実であるが、利便性、恩恵の先には必ずリスクが付きまとうという現実を学ばなければならないということなのだ。

石油文明からの脱却を、サウジアラビアなどの産油国ですら深刻に考え始めている。経済的リスクだけではなく、石油文明それ自体のリスクが見えてきたという認識の上での決断なのである。

日本にも水俣病などの重金属やアスベストなどによる公害はあったが、いまやこれまで想像だにしなかった世界からの脅威がわれわれを襲い始めたのである。世界の危機は新たな環境問題に移行し始めている。われわれ自身が生み出した、安全であったはずの化学物質が環境を破壊するという事態が引き起こされ、ますます生態系に関わる超ミクロの世界へと事態は深化し始めている。建築産業からの影響がどのようにあるのか調査研究は避けて通ることはできないだろう。

（2018年6月22日）

中国の事情から何を読み取るか――上

日本と中国の関係が改善されつつある。今後、さらなる交流の活発化が予測される中、最近の中国の動向は、日本にとっても極めて重要である。

ＩＴ、ＡＩで世界リード、飛躍のきっかけは通販

中国の成長の勢いは依然として止む気配はない。ＡＩやＩＴの分野だけでも、世界をリードする勢いであることはスマートフォンの普及状況を見れば明らかである。中国では最近、「空巣青年」という言葉がある。一人暮らしでスマートフォンやパソコンばかりいじっている若者のことをいうのだそうだ。

しかし、日本と大きく異なるのが、スマホがＡＩやＩＴを駆使した決済や多くの金融サービス分野に連動しているということだろう。都市部の一握りの富裕層から、地方の農村部まで格差はあれど、活力を生み出す多様性に満ちている。国土の広さと格差の問題があって、日本のように電話回線などのインフラ整備、普及は困難であったが、衛星通信の普及により一気にデジタル化、ＩＴ化へとジャンプできたのである。

こうした飛躍を、リープフロッグ現象(Leapfrog＝カエル跳び)と呼ぶが、そのきっかけをつくったのが、中国通販最大手アリババのネット通販だといわれている。買い物をする時に口座を簡単に開設でき、しかも、決済が容易で、遠融地でも取引可能であるという便利さだ。そうした利便性は、小さな投資にも対応し、中国経済をけん引する力になりつつある。

その結果、誰でもスマホから金融サービスにアクセス可能となり、投資家人口も増大している。もはやフィンテックが日常化しているのである。既に銀行でも無人化が始まっているという。スマホは、まさに中国にとっては救世主だったのである。

さて、わが社㈱佐藤総合計画)ではさまざまな分野で中国内のプロジェクトを手掛けてきた。古くは広州のコンベンションセンターや天津の北京オリンピックスタジアム、そして深圳ユニバーシアードのスタジアム、近年ではマカオに隣接する珠海市での開発事業を伴ったオフィスビルなど多岐にわたっているが、とりわけ医療福祉施設に注目している。

医療福祉に高まる関心、富裕層にも社会的格差

というのも、日本同様に高まっている健康志向、そして日本以上の速度で進行が危惧(きぐ)される高齢化社会などの問題を受け、医療福祉施設に対する関心の高さは尋常ではないからである。既に天津で医療施設や商業施設を併設した高齢者向け集合住宅の計画を進めて

いる。この事業は今後の中国国内でのモデルケースとして政策的にも注目されている。

その上で、中国における高齢化社会の現実は、ほかの先進諸国とは多少様相が異なることを指摘しておきたい。米国で既に実践されている高齢者や退職者のための専用団地、いわゆるゲイテッド・コミュニティー(Gated Community)の場合、入居資格は富裕層であることが多いが、富裕層に限らず、生活水準に加え教養などのレベルもある程度横並びで趣味や会話が成り立つことが一つの目安になっている。一方、中国の事情はそれとは大きく異なっている。

中国では社会保障費の多くを地方自治体が負担していることから、上海や北京などの大都市では独自の社会保障の制度化が進められている。しかし、その中で現実に地域包括介護が受けられるのが全体の6－7パーセント、90パーセントは私費による在宅介護が求められているという。

残る3－4パーセントが施設介護サービスを受けられる、いわゆる富裕層であるが、この富裕層にも大きな社会的格差が存在するという現実である。教養のある人ばかりでなく、貧困状態から一気に豊かさを手に入れた人たちも多数いるという。つまり、中国では富裕層といっても共通した教養や生活習慣を身につけた層が主流というわけではないのである。

一口に格差社会といっても、格差の中身、現実は日本や先進諸国と大きく異なることがわかるだろう。そうした違いを超えて、一つのコミュニティーを形成することは困難であろう。しかしながら、それ以上に、もともと中国社会ではコミュニティー形成が難しいようにも思われる。従来、国によって進められてきた勤務先ごとのコミュニティー形成は近年の開放政策によって崩壊し、住民の関係が希薄になっているところに、都市人口が急増、都市住民にも新貧困層が生まれるなど、格差は拡大するばかりだからである。

公平よりビジネス重視、スマホ社会に漂う不安

もちろん中国もこうした現状を打開するために社会保障制度を拡充しているわけだが、むしろ格差問題の解決には、経済的豊かさの達成こそが近道だと認識しているように思われる。国家から個人までもが投資ばかりか投機にまで走り出しているのには理由があることがよくわかる。医療福祉の分野においても、高齢化のスピードに対して、社会保障の整備が追い付いていていない。

憲法で老親の扶養義務を規定する国ながら、そこにドライなビジネスが入りこむ余地がある。公共的なプロジェクトにおいても、公平な市民サービスの提供より、いかにビジネスとして成立させられるかが常に重要である。そして、ビジネス展開の上で、ＡＩなどのＩＴは極めて強力なツールとなる。これが中国におけるスマホ社会の現実である。それ

と呼応してか、「拆拆拆」というのだそうだが、現実社会では、バラックなどを都市から排除して浄化しようとする動きも活発になり始めているようだ。

こうしたデジタル空間に生きる中国国民のビジネス感覚は、まさに世界の最先端を走り始めたといっても過言ではない。しかしながら、こうした勢いを目の前にすると、いかにグローバル社会であるとはいえ、一抹の不安を感じる。中国自身も、それを十分に理解していることは、日本社会の成熟性に多くの関心が寄せられていることからもうかがい知ることができる。

ではこうした勢いを背景に、強い意志の表明と同時に乖離（かいり）した感情が交錯している中で、14億の人口とデジタル社会、そして急速に進む高齢化の現実から、何を未来に見いだそうとしているのか。いま中国自身がいる経済中心主義の渦の中から、未来の展望が生み出せるのか。新たな構図の構築が迫られているといえよう。

中国の課題は、既にグローバル社会の只中に生きる日本にもやがて訪れる課題でもある。

（2018年8月7日）

中国の事情から何を読み取るか——下

前回の特別寄稿では、主にＩＴと経済的な側面から、現在の中国国内での動向について述べた。今回はその基盤となるそれぞれの都市の動向について考えてみたい。

中国は、２０１３年の「一帯一路」構想の発表以来、中長期産業政策の中で、現在の製造業の中身を質的に向上させる「製造強国」政策にかじを切り、技術革新の進展を目指している。さらにナショナル・イノベーションとして、文化的な向上をも併せて考えている。それは、習近平総書記が17年秋に述べたように、今世紀半ばまでに「富国、民主、文明、和諧、そして美麗」の五つの目標の達成を掲げていることから見ても明らかである。

製造強国へ技術革新、５億人が60歳以上に

しかしながら、これから中国が直面するであろう人口問題、特に高齢化問題は相当に深刻である。日本の高齢化と同様な推移をたどることが予測されてはいるが、人口規模が極端に異なっている分、高齢者の数も極めて多数となる。現在、国連などの試算によれば、50年には80歳以上の高齢者が日本の現在の人口に匹敵する1億２０００万人、60歳以上だ

となんと5億人にも達するといわれている。

さて、こうした現実を見据えながら中国は、さまざまなハイテク技術と合わせて金融や情報産業との連携を強化し、さらに文化、観光、教育などの分野から、ナショナル・イノベーションを達成しようと力を入れ始めている。

とりわけ、深圳の事例を見ればその様子がよくわかる。中国国内での経済力レベルは北京、上海に次ぐ3番目の力を備えている。人口規模でも、経済特区に指定された1980年には人口30万人程度の寒村だったのが、現在は東京都の1300万人を凌駕する1400万人とも、一説には2000万人を数えるともいわれる。その人口増の背景にあるのは、香港からわずか2時間程度というアクセスの良さもさることながら、急速に発展する経済力とこれからの潜在的可能性に期待して集まる優秀な人材の存在である。事実、既に述べたように高齢化が危惧される中国国内にあって、例外的に若年層が65パーセント、高齢者はわずか2パーセントといわれるほど、若い力に満ちあふれた都市でもある。

著名建築家競う舞台、国際的な飛躍目論む

このような状況の中、深圳は「中国のシリコンバレー」とも呼ばれるように、ハイテク都市として実績を上げ、経済の裏付けを積み上げてきたのである。そうした実績の上に世

界に先駆ける都市戦略を具体化してきた。その成果は着実に表れてきているが、さらに次なるステージへと進み始めているようだ。

既に市内は、世界の著名な建築家が競い合う舞台のような華々しさに目を見張るばかりである。例えばザハ・ハディド、コープ・ヒンメルブラウ、そしてノーマン・フォスターにレム・コールハースなど枚挙にいとまがない。もちろん、磯崎新や槇文彦など日本の建築家も活躍しており、いまだどの都市にもない未来的実験場の様相を呈している。

こうした都市戦略は、内需に焦点を当てているわけではない。先にも示したように、中国はもはやいままでのような外国需要に依存した単純な下請製造業の国ではなく、国際的に通用する産業国への飛躍を目論んでいる。

しかもそれは、目前に迫りつつある高齢化社会と人口減少への対応に即した国家戦略である。それゆえに、中国の有力な都市はそれぞれ国際的都市への脱皮を目標としているのである。とりわけ深圳は、国家戦略である「インターネットプラス(互聯網＋)」を踏まえながら、進化を続けるＡＩや次世代通信などのハイテク産業の分野で世界をリードする都市になりつつあるが、そうした分野との連携を強化して、インバウンド(外国人観光客)を意識した観光立市の可能性についても、香港に隣接するという立地性からして現実の視界に入っているという。

事実、わが社㈱佐藤総合計画）が最近国際コンペで勝利した深圳小梅沙エリアの水族館とリゾートホテル計画にも、国際観光都市にふさわしい佇まいや機能を整えようとまい進する都市戦略の一面を垣間見ることができる。

巨大都市の力の集積、体制超えた実態表す

こうして見てくると、中国のいままでの成長を支えてきた原動力であった、安価な労働力に支えられてきた製造業の勢いが急速に陰り始めたことは容易に理解されよう。その根底にあるのは人件費の高騰である。もちろん、安価な労働力の不足という側面もあるが、比較的高学歴な知的労働者が増加したことで単純労働に従事する人口が減ったということも原因である。

しかしながら、少子高齢化が進めば生産年齢人口は減少し、徐々に国力をむしばんでいくという危機感が中国首脳部にある。そうした労働力不足を補填するために、さまざまな施策や戦略が噂されてはいるが、当面の課題はあくまでも、国内の資産だけに基づいた国力の底上げである。「製造強国」というスローガンは、AI技術を駆使した航空産業や宇宙開発、さらには次世代エネルギー開発などまさに将来の新たな産業育成に向けた戦略思考である。そこに文化や観光の観点を加味して、世界に向けた都市戦略を実践し始めてい

るのが深圳という都市なのである。

こうした次世代戦略を進めているのは、当然ここばかりではない。北京、上海、珠海などの沿岸諸都市や内陸部の重慶も、これ以上に大規模な都市戦略の構想を打ち出している。

今回は特に深圳に注目したが、他都市の戦略もしたたかである。中国は一党独裁体制を敷く共産主義国家ではあるが、その広大な国土や多様な民族構成からしても、国全体を一元的に管理することなどできるはずはない。それぞれの都市、さらには都市を超えて、例えば深圳を含めた「広東省、香港、マカオの大湾岸圏」が稼働しつつある。こうした、いわば独立国家のような巨大都市の力の集積こそが、現在の中国の実態だといえよう。

いま中国の都市の動向は世界の注目を集めている。深圳もまさにその一つなのである。


（2018年8月22日）

IT企業の未来

中国のIT企業が驚異的な成長を遂げ、現在隆盛の真っ只中であることは、深圳に拠点を置くテンセントや杭州市を本拠地とするアリババの存在が示している。株式の時価総額では、テンセントがフェイスブックを抜いて5位、アリババは8位とすさまじい勢いで、まさにアジアのナンバーワンを担っている。

ゲーム市場では世界を席巻しているテンセントだが、同社が中国で販売を行っていた日本発の人気ビデオゲーム『モンスターハンター：ワールド』が、先日中国当局により急遽配信差し止めとなり、中国国内ばかりではなくゲーム業界が騒然としている。同社の株価も急落、IT関連企業に動揺が走っている感がある。

一説によれば、プレーヤーがさまざまなモンスターを追跡してハンティングするというゲームの内容が問題であったという。確かに多少暴力的な場面も見られるようだが、それほど毒がある内容とも思えず、何が国の利益を損なうという判断の原因なのか不明であるといわれている。

既に述べたとおり、テンセントはアリババと並んで中国経済のけん引役として、大きな存在感を示してきた大企業である。しかしながら、そうした企業でも中国政府の一声で、人気ソフトの販売を中止せざるを得ない状況に追い込まれたことに問題がある。

そして、中国国内企業の問題が一気に世界市場に大きな影響を与えるという事態である。同時期に起こったトルコ・リラの暴落などと合わせて、市場経済の混乱ばかりではなく、グローバル化した現代社会の虚構性を目の当たりにした思いであった。

現代社会は、もはやAIやITによって人間が生かされる社会であるといっても過言ではあるまい。すなわちグローバルなデジタル空間に生きている人間の社会は、経済的環境をはじめとして、多くの事象が即断即決しなければならない社会になり始めている。瞬時に結論が出る社会なのである。そしてそれらすべての結論が同時に世界を駆け巡るのである。そうした環境下にあるシステムに対し、一国家の政治的思惑で規制をかけるということがどれほど社会に影響を与えるのか、どのような事態を引き起こすことになるのか。

われわれはデジタル空間に生きるという世界を受け入れざるを得ない状況にあるが、常にこうした危機的状況に直面しているという認識を忘れてはなるまい。デジタル空間においては、もはやどの企業とも連携していると考えてよい。世界の企業は、いわばサプライチェーン・システムのように動いているのである。

民主国家が世界に開かれた市場経済システムに対し、一国だけの思惑や政治的判断に基づいた市場介入はできないと考えている状況において、こうした事態の発生は市場経済の基礎を成り立たなくしてしまうだろう。そうしたリスクを露わにしたのがまさに今回の事件である。

建築界もこれからAIやITを活用したデジタル空間に生きようとしている。今回の事件は、起こり得る危機に備えることの重要性を説く一つの教訓ではないかと思う。
（２０１８年８月27日）

ゲームという世界

既存の領域という概念が喪失しつつある。その代表格にあるのがゲームの世界であろう。いまやバーチャルな空間の中で、あたかも現実の世界にいるかのような体験ができるという。そうしたゲームのイベントとして、オンラインゲーム大会が世界各地で開かれるようになった。しかしそれらは、単に机上のゲームという感覚ではなく、鍛錬された肉体と精神が競い合い、そしてそれを楽しむ観衆が一体となり、あたかもスポーツを楽しむようなゲームの世界をいう。

実際に、２０１８年夏ジャカルタで開催されたアジア大会でも、６種目のコンピューターゲームが、エキシビションとしてではあるが通常の競技と同じように行われ、人気を博したという。実体のスポーツではないバーチャルなゲームによる競技であるが、いまはそれを「ｅスポーツ」（エレクトロニック・スポーツ）という。日本ではあまりなじみがないが、欧米などでは、ビリヤードやダーツなどの競技と同じようにスポーツとして認知されている。既に、22年に中国の杭州で開催される次回のアジア大会では正式種目に決定、24年のパリ・オリンピックでも正式種目になると推測されている。

いまやゲームの世界がデジタル空間の最先端を走っているといえるかもしれない。バーチャルとリアルがまさに一つになり、現実の世界では体験できない世界が体験できるというデジタル社会ならではの感覚である。操作は現実の世界で人間が行うが、体感としてはまさにバーチャルなイメージの世界に没入できる。そうしたゲームが、スポーツという分野に分け入ることになったのである。ゲームの「競争、競技」がスポーツのそれと等価になったということであろう。われわれになじみ深い現実世界の中に、どれほどまでデジタル空間が日常的に入り込んでいるのかを物語っている。すなわち、こうしたゲームの進化が、社会の価値観や常識を変え始めているといっても過言ではない。それはまさにデジタル空間が成せることなのである。

翻って、わが建築界はいまだ業界という枠組みに支配され過ぎている。ゲームの世界とスポーツの世界がその境界を共有し始めているのに、建築界は同じ土俵である建築の世界で、設計、施工、メーカーなどというような領域を共有化できていない。その共有化を可能にするのは、まさにゲームが進化してきたようにＢＩＭやＣＡＤのようなコンピューターの成せる業（わざ）なのである。それぞれのフィールドは別個であってもデータの共有化を図ることは不可欠だろう。仕事としてのそれぞれの役割はあっても、一つの建築をつくるという目的に向け、価値観を共有して同じ方向を向かねばならないからである。例えば、3Dモデリング・システムの導入に加え、AR（拡張現実）ソフトなどを使用して現実の世界に仮想空間を連動させ、立体的に空間を疑似体験できるようにすることなどだ。

スポーツの世界を見るまでもなく、現代の社会は自ら境界を打破する時代であるという認識が不可欠なのである。

（2018年9月6日）

経済成長という現実

米中の貿易摩擦が激化している。その軋轢（あつれき）は、両国間の問題から拡大、多国間のルール順守に基づいた通商秩序からの離反も深刻化しつつある状況である。IMF（国際通貨基金）は最新の情報として世界経済の2018年の見通しを下方修正した。トランプ米大統領が中国へ放った関税引き上げが、二国間の問題から世界経済減速の引き金となるという危機感を示した格好だ。

一方、ことし（18年）日本でも顕著だった気候異常は世界的規模で拡大しているが、その経済的な影響はどれほどのものなのか。IPCC（気候変動に関する政府間パネル）は地球温暖化について、30年には世界の平均気温は産業革命前より最低でも1・5度以上上昇、もし2度上昇した場合は昆虫の18パーセント、脊椎動物の8パーセント、植物の16パーセントの種が生息域の50パーセント以上を失い、サンゴはほぼ絶滅するという報告を出した。しかしながら、気候変動がどの程度経済成長への影響があるか、その相関関係についてはなかなか問題が見えてこないきらいがあった。

折しも18年のノーベル経済学賞で2人の米国人の受賞が発表された。その一人、イエール大学のウィリアム・ノードハウス教授は、まさに気候変動と経済成長の関係の定量的な分析モデルを確立し、CO_2の排出量に応じた課徴金制度である「炭素税」を提唱して注目を集めた。

現在、世界で経済問題を引き起こしているのは格差問題、宗教、民族的対立、核の保有、さらには移民問題など枚挙にいとまがないが、とりわけ地球規模の気候変動の問題は、世界共通の課題であろう。

氏の議論の大略は既に日本でも翻訳が出版されている『気候カジノ』（日経BP、15年）から読み取ることができる。地球温暖化による気候変動の問題は経済と遠いように思えるが、経済成長によるCO_2の排出の増加が気候変動をもたらして地球システムに意図しない危険な変化をもたらしていると指摘しながら、経済成長とCO_2排出量の削減は両立可能であるとし、そのためにCO_2に価格を付ける「炭素価格」とそれに基づいた炭素税の導入と貿易制裁の併用を提言している。将来のCO_2排出量は「気候カジノに置かれたルーレット盤」のように予測不可能だが、CO_2の排出量の増加は確実だという。だからこそ、ルーレットをできるだけ回さない方策が重要だと述べる。

建築界はいまこのCO_2排出量の削減にどれだけ真摯(しんし)に取り組んでいるのか。省エネルギー対策にはさまざまな掛け声とともに政策上も一段と進みつつあるが、建設時のCO_2排出量削減などについては、さまざまな意見・見解もあってだろうか、進む速度はそれほど速くない。しかしながら、いずれ、ノードハウス氏が指摘するように企業のみならず、エンドユーザーの一般市民にも「炭素税」が課される時代が来るに違いない。現在深刻化しつつある地球温暖化について、「人間の活動に始まり、人間の活動に終わる」というノードハウス氏の言葉をかみしめたい。私たちの活動がそのすべてに起因しているからである。

（2018年10月25日）

技術革新とスピード

最近、中国で仕事をする機会が増えたが、そのスピードには圧倒される。社会主義国である中国が、なぜこのような迅速な社会になったのか。そして、自由主義を謳歌しているはずの日本がなぜ中国に後れを取るようになったのか。あたかも、日本が社会主義、中国が資本主義のような現実に直面することが多い。

中国はもはやグローバル社会・経済に驀進（ばくしん）している。中国は世界に生きるという観点を、国の体制やイデオロギーを超えて明確化している。そのために法的枠組みや規制などをその都度変え、改革を続けているのである。それに比べて日本はグローバルに生きるという感覚に乏しく、状況の変化に対応して、規制を柔軟に取り除いたり、変更したりすることをしない。過去の実績を参考に、リスクを見定め、慎重に歩を進めるという姿勢が強いのである。

中国の建築界の技術習得の速度にも驚かされるばかりである。とりわけ、設計から工事に至る速さは日本では考えられないほどである。基本設計が終了した段階で施工業者が決まり、直ちに基本設計図を基に着工する場合が少なくないのだ。もちろん、そのためには初期段階から構造躯体の十分な検証が必要になることはいうまでもないが、すべての工程がオーバーラップして組み立てられ、設計と施工の役割分担、責任体制はあっても、相互貫入を前提としている。もちろん、そこには問題も少なくない。不十分な設計で工事が始まるために、現場での変更や調整の手間がしばしばある。しかしながら、いまやＡＩやＩＴなどの導入によって齟齬（そご）や矛盾も解消し始めている。

　いまや中国では、こうした事例は工業製品の分野では日常化し、世界をリードする勢いである。例えば、ドローンは日本でも販売を始めた中国企業「ＤＪＩ」が世界市場の大半を支配している。発注の手続きも簡単で、しかもどのような仕様であっても、驚くほどの短期間で納品が可能であるという。これもＡＩや3次元プリンターは無論のこと、設計時の入力データの多元化の成果である。一瞬のうちにすべての要望をプログラムし、部品調達を含めて、製品化に到達することができるのである。こうした事例を出したのは、建築界も単に設計、施工、メーカーといった既存の業界という枠組みや区分を前提とするのではなく、すべてを包含し、設計時にあらゆる情報をインプットする仕組みを構築しなければ、ＤＪＩのような仕事はできないと考えるからだ。それにはＡＩやＩＴなどの積極的参入がなければ成り立たない。それこそが技術革新の成果である。

　建築がドローンと同じであるとまではいわないが、モノづくりという観点から見れば大同小異であろう。規制などの枠組みの見直し、さまざまな領域の相互貫入、業界を超えた新たなプログラムの構築など、さらなる技術革新を進めるために新たな仕組みづくりに入らねば、職人の手に依存してきた日本の建設業はグローバルに稼働している社会のニーズに応えることができなくなるであろう。緊迫した問題であると思う。（2018年10月29日）

続・中国の事情から何を読み取るか

2018年夏、2回にわたって、中国の動向、特にデジタル社会の実情や、巨大都市における建築の様相と都市戦略について述べたが（44〜53ページ「中国の事情から何を読み取るか（上、下）」参照）、今回は改めて、中国のハイテク先進型都市の事情とその世界戦略について紹介したい。

18年10月23日、全長55キロメートル、世界最長の海上橋「港珠澳大橋」の開通式が習近平総書記を迎えて賑々（にぎにぎ）しく挙行され、中国の戦略における具体的行動の一端が示された。

港珠澳大橋は、香港の国際空港があるランタオ島から人工島を経由して、マカオと隣接する広東省珠海市を結ぶ長大な海上橋だ。珠江湾を東西に結ぶ連絡橋として、09年の着工からようやく完成した、中国の威信をかけた大事業である。現地で実際に見ると、その壮大さ、巨大さには圧倒される。その1カ月ほど前に全面開通した、香港と広東省広州市を結ぶ広深港高速鉄道と合わせ、中国の国家戦略「広東省、香港、マカオの大湾岸圏（グレーターベイエリア）」構想がいよいよ稼働し始めた。

大湾岸圏構想が稼働、停滞も勢いとまらず

こうした一連のインフラ整備は、南シナ海への進出と合わせて、中国の一帯一路構想が着実な歩みを進めていることの裏付けであろう。

中国の国家戦略を読み解くにあたっては、それぞれの都市戦略を包括する戦略を知る必要がある。その成果が広深港高速鉄道であり、港珠澳大橋プロジェクトなのである。単に一都市の問題ではなく、ＩＴを核にして、中国全土の主要都市において金融、商業、製造など各分野の緊密な複合による相乗効果に対する期待の表明でもある。

08年、「国家知的財産権戦略綱要」を発表、知的財産権の水準を高める方針を打ち出し、ハイテク企業など関連産業の国家的支援に乗り出したのも、その文脈に沿った結果である。また、中国はＩＴと製造業の融合により25年までに世界の製造強国、さらに45年にはそのトップとなって、49年の建国１００周年を迎えることを宣言している。例えば16年には、

起業やイノベーションのハイレベルなモデル拠点として、北京市海淀区、天津市浜海新区、深圳市南山区など全国28カ所を指定、さまざまな特別的支援を始めている。また北京市と杭州市に拠点を置く世界第4位のIT企業アリババや、深圳市のファーウェイ、ZTE、テンセントなどの企業の成長にも一層の期待が集まっている。

最近、中国の経済はハイテク産業も含めて停滞しているという現実も各所で露呈しつつあるが、したたかな中国の勢いはまだとどまることはないというのが偽らざる感想だ。

知財の覇権争い激化、米中超え高まる危機

前置きが長くなったが、中国の動きにも見られるように、いま世界戦略の要は知的財産権の覇権争いである。IT大手のGAFA(グーグル、アマゾン、フェイスブック、アップル)に代表される企業によるデジタル空間の独占に対し、世界は強い危機感を持っている。そうしたIT独占に対して、EU(欧州連合)、日本はいうまでもないが、中国も米国に次いで先端をいく立場から、さまざまな思惑を描きながら米国を凌駕(りょうが)する国家戦略を立てている。それが建国100周年を見据えた世界一戦略である。

こうした中国の世界戦略に対して、米国の困惑と焦りはいかばかりか。中国のIT企業の隆盛はBAT(バイドゥ、アリババ、テンセント)をはじめ、米国の未来をも飲み込む勢いを

示し始めているからだ。いまやデジタル企業は国境を越え、世界中の利用者のデータを蓄積、管理している。こうしたIT戦争の現実に、日本のモノづくりという立ち位置も揺らぎ始めることは間違いない。なぜならば、もはやITなくしてモノづくりはできなくなるからである。

グローバルなデジタル空間での事業展開はともかく、「法の秩序」に対する取り組みについていえば、中国は国際的に通用するルールに則った企業の育成環境が整っていないという意味で、まだ国家として問題を抱えたままだ。例えば、大企業が弱小企業を傘下に抱えていることが挙げられよう。表に出る大企業がコンプライアンスを順守していたとしても、小さな企業はその巨大な傘のもと、さまざまな規制をかいくぐり特許を侵害して粗悪なコピー商品で市場を混乱させることもあるからである。

もちろん特筆すべき点もある。例えば深圳の「デザインハウス」の存在である。大手電子機器の下請企業であったそれらの「デザインハウス」は、企業のアッセンブラー(まとめ役)を経て、現在ではファーウェイなど大手企業のサプライチェーンとしても存在感を増している。

そうした中、昨年(18年)末に米国がファーウェイ製品の排除を同盟諸国に求めるなど、中国のハイテク企業に対する逆風が世界を駆け巡っているが、それでも中国という国の勢いを止めることはできないだろう。なぜならば、その技術の安定性と価格に加え、次世代通信規格5G（第5世代移動通信システム）対応を進め、国内外に存在感を示しているからだ。

「共有化と囲い込み」、境界に熾烈な争い

しかしながら、いま世界のIT企業によるデータ独占・寡占をめぐる競争は、ある意味では無政府状態であり、さながら戦争状態にあるといっても過言ではない。そんな中GAFAのデータが流出するという事態など、人々の安全にも関わる問題が出てきた。もはやIT戦争は、米国と中国の問題ではなくなり始めている。EUや日本もそうした米国の独占と中国の専横には危機感を示している。

データをめぐる知的財産権問題は、日本の建築界でも深刻な課題になることは間違いない。これまでは、特許問題はあっても、権利の主張が紛争に発展することは少なかったが、もはや曖昧（あいまい）に処理されることは許されない「データという知的財産権」をめぐる時代に突入したのである。物事（データ）には、常にその根拠が付きまとい、併せて説明責任が問われるのである。データの「共有化と囲い込み」の峻別はこれからの課題であるが、その境界にはますます熾烈（しれつ）な競争が待ち構えている。建築界も、新たな競争社会に突入しつつあるという自覚は不可欠である。

（2019年2月12日）

経済の鈍化とリスク

中国の動向が世界に影響を与えるようになった。米国やＥＵ諸国はもとより、日本の国内産業への影響も看過できない状況になりつつある。特に最近になって事態の深刻さが、さらに加速されてきた感がある。

現在、中国でさまざまなプロジェクトに関わっている中で、確かに同国の経済の減速感が高まりつつあることを実感している。投資資金の減少やハイテク製品の減産、さらには開発行為自体の自粛など、さまざまな分野で調整局面に入った感は否めない。

例えば、中国が定めた重点産業の一つで、国の基幹産業でもある、鉄鋼の過剰生産能力に対する懸念が再燃し始めているという現実である。中国は既に２０１６年から製鉄工場など鉄鋼の生産設備を整理し、鉄鋼生産量の削減にかじを切っていたが、いまやそれだけでは対応が追い付かない状況である。例えば、自動車などに用いられる熱延コイルは昨年（18年）夏から価格が15－20パーセント下落するなど需要の減少は明らかで、供給過多の是正に向け、さらなる調整を強いられている。

そして、中国の実質ＧＤＰの成長率は６・６パーセントと28年ぶりの低水準となった。

ただし、そうした中国の経済事情に関する情報をダイレクトに鵜呑みにするだけでは現実を正しく見ることにはならない。そうした現象がすべてを表しているわけではないことを考えることが不可欠であろう。中国自身も、そうした状況を自らの問題として捉えながら、その裏で、挑戦的に次世代を育成する戦略づくりに着々と取り組むしたたかさも持っている。そのような隠れた現実を認識することこそが肝要なのではないのか。

米国も米中貿易摩擦のあおりを受けて、企業の減産や減益がいわれている中、いわゆるＧＡＦＡといわれるＩＴ企業がその分野の世界の利益の40パーセントを占めているという状況である。こうした状況がいつまでも続くわけはないが、ＩＴソフトの開発においては米国の持つ潜在力を見過ごすことはできない。一方の中国では、現在の危機を乗り越えて、次世代通信規格である５Ｇで世界をリードすることを狙っている。現に、ファーウェイの本社ビルの前には５Ｇのロゴが大きく据えられている。もはや技術開発への強い意志と決意が世界の未来のあり方を示しているように思えて仕方がない。

それでも、いまだ世界の産業は、米国や中国という親亀の背中から、振り落とされないようにしがみついている子亀のような状態である。強いものだけに従う日本も、一匹の子亀であろう。技術開発はいうまでもなく、人材開発に至るまで、いまやあらゆる分野で受け身の姿勢にある。世界の状況という荒波をまともに被ってでも突き進む覚悟がなければ、問題の本質は何も見えてはこないはずだ。過去の柵(しがらみ)が依然として立ちふさがる国が日本だ。安全に推進させなければという思いだけが支配的にあって、リスクを常に避ける姿勢からは、新しさは生まれてはこない。この現状を再考する覚悟は依然見えてはこない。「ゆでガエル」状態の日本。

（2019年2月18日）

プロダクト・ネットワーク社会

米中貿易戦争は泥沼の様相を呈している。先日のG20で少し緩和された感はあるが、関税や情報セキュリティー問題などで、世界のものづくり、いや産業構造が歯止めを失うほど、大きく変わり始めているからである。日本もその渦中に否応なく巻き込まれているという感覚が日増しに強くなっている。

実際に、日本も韓国に対し輸出規制を強める方向にかじを切った。対象となるのはスマートフォンやテレビのディスプレーに使われるフッ化ポリイミド、半導体基板に塗る感光材であるレジスト、半導体洗浄に使うフッ化水素の3品目で、韓国の半導体生産に大きなダメージを与えることになるという。しかしながら、同時に日本にもダメージがあるといわれている。いずれにしても、双方にさまざまな問題を引き起こし、しかも世界的供給にも多くの影響が出るという事態への突入である。

生産体制はグローバルに拡散し、現在、サプライチェーン・システム（部品供給網）を受け入れなくては、モノづくりはできない状況である。一国内の一企業だけでは、モノの生産はほとんど不可能になっているのである。

建築生産にもそうした影響は出始めている。むしろ建築部品こそ、あらゆる工業部品が使用され、その領域もデジタル社会に対応するために、ますます拡大しているからである。とりわけ、技術革新分野はその最先端領域にある。その囲い込みとセキュリティー確保の問題が熾烈（しれつ）を呈しているのはいうまでもないだろう。

さらに、建築設計の分野でも世界の能力を結集してプロジェクトが遂行される時代を迎えている。単に生産の合理化を図るためではなく、優れたアイデアや能力を期待するからである。発注者側からも要請があり、また建築家自身もそうした能力との協力を期待し、より時代が求める建築の創造に寄与しようという流れになりつつあるのである。その実態は、まさにデジタル・データの取得と共有の問題である。アイデアはすべてデジタル・データに変換されて、能力の編集が始まっているのである。

もはやハードなモノづくりがデジタル・データの存在なしには成し得ないという現実に

照らして考えれば、そうしたデータのセキュリティー問題が建築界にも喫緊の課題になり始めたということは容易に理解できるだろう。いったんアイデアが盗まれてしまえば、国内のみならず、国をまたいでデータが流出することになる。データには膨大なコストと能力が注ぎ込まれているはずだ。そうした高度なノウハウの集積の流出が懸念されているのである。

日本の建築界では、そうした感覚がいまだ十分とはいい難い。データが多くの価値を生み出すこと、そして世界のノウハウを結集しなければ、世界戦略に勝ち残れないという現実を直視しなければ、もはや、世界の中で戦うことなどできなくなるのは当然であろう。データ戦争において後塵を拝する日本の現状を危惧(きぐ)している。グローバル・プロダクト・ネットワーク社会の到来に備え、生きるすべを身につける時代なのである。

(2019年7月12日)

経済成長と社会

米中の貿易摩擦は、当初の予想以上に世界の経済に大きな影響を及ぼしている。最近の世界銀行の発表では、２０１９年の経済成長率の見通しを2・6パーセント、１月から0・3ポイントの下方修正をした。生産活動への影響は既に世界へと広がりつつあることを指摘している。各国の成長率も鈍化しているが、中でも日本は依然低成長から抜け出せない状況である。

多くのエコノミストが指摘しているように、もはや資本主義の質的構造が変わり、過去の産業革命がもたらしたような生産革命は起きていないという現実がある。むしろ、これからの時代は内戦が頻発する可能性も指摘されているが、現在の経済摩擦や経済格差による内紛もそうした混乱の一つであろう。欧米諸国では、かつて生産性の向上に寄与してきた外国人労働者(移民)が、市場を奪うという状況に発展し、技術革新やロボット化などによって市場の構造も大きく変わろうとしている。労働者の賃金も生産構造の変化によって、通常の賃金上昇は物価上昇にも追い付かない状況を生み出している。

一方で、ＩＴ革命といわれている変化が一般社会の中でどれほど革新的変化をもたらしているか。家電製品の性能向上やコンピューター、スマートフォンなどの普及はあっても、社会構造、そして一般社会の生活が20世紀前半のそれに比べ、どれほど革新的な変化があったのか、住宅一つとってもその差異は際立ってはいないように思われる。

確かにデジタル社会によってグローバル化や情報化は進展した。情報処理能力などの速さにおいては計り知れないほどの革新的変化があったし、確かに特定の分野において莫大な恩恵をもたらしたのも事実である。

しかしながら、それを経済成長の観点から見れば、世界はそうした恩恵に浴していないというのが、米国の経済学者でノースウェスタン大学のロバート・J・ゴードン教授が著書『アメリカの経済　成長と終焉（上、下）』（日経BP、18年）で指摘したことである。現在は、19－20世紀の電気や内燃機関（エンジン）、そしてエアコンなど日常生活を劇的に変えた発明に比肩するような事態は起こっていないというのである。確かに、デジタル技術が飛躍的に進歩したのは事実だ。しかしながら、そうした進歩は社会的格差を助長するばかりだからである。数学的なプログラムを駆使して、優位に立てる者のみが利益を独占する構造が明確になっている。そこには、「社会全体の雇用を含めた生産性」を高める構造は何もない。ある報道によれば、30年までには1パーセントの富裕層が世界の富の66パーセントを独占するという。

さらに、08年のリーマン・ショック以来、世界全体の富の成長率が3パーセントであるのに比べ、1パーセントの富裕層の富は6パーセントも成長しているという。フランスの経済学者トマ・ピケティの著書『21世紀の資本』（みすず書房、14年）でも話題になったとおり、もはや世界の格差は避けては通れないということだろう。

21世紀という時代において変容する現実を捉え、新しい世界に生きる手立てを構築する必要性が問われているのである。

（2019年7月22日）

モバイル蓄電池社会への期待

2019年のノーベル化学賞で、リチウムイオン電池を開発した吉野彰・旭化成名誉フェローがアメリカの2氏とともに受賞を果たした。日本のノーベル賞受賞者は27人目、化学賞は8人目の快挙である。

リチウムイオン電池は、それまでの充電池、例えばニッカド電池などに比べて小型で電圧も高い。さらには充電効率が良く、使用温度範囲が広いなど、高性能であることが特徴だが、太陽光などの再生可能エネルギーへの足掛かりをつくった意味でも、今後の新たな領域の開拓に対する期待は大きい。その裾野は今回のノーベル賞を契機として、さらにモバイル蓄電池への社会全体の関心が高まっていくだろう。

例えば、モバイル型蓄電による電力供給経路の分散化である。一般に、電気は大規模な発電設備から1本の電線によって配電されているが、蓄電池などにより分散化が進めば、現在起こっている配電システムの課題が大きく改善されることになる。さまざまなモバイル製品だけでなく災害時対策など、ノマド型モバイル蓄電社会の構築が待たれている。とりわけ、EV利用への期待は極めて大きいといわれている。

現在、一般家庭の1日分の電力消費量はおよそ10キロワット時程度といわれている。一方、EVに搭載されている蓄電池の容量は、例えば日産自動車のリーフでは最大62キロワット時であり、自動車からの配電はかなり期待できるレベルにある。蓄電池の容量・性能の向上については今後さらに研究開発が進むはずだが、新たな蓄電池の研究も行われている。現在のリチウムイオン電池に比べて蓄電容量が10倍もあるとされる「リチウム・空気電池」、従来の電池の欠点を取り除いた「全固体電池」などであるが、その展望は極めて明るいといわれている。

電気エネルギーは、社会生活のあらゆる場面に有効であることは間違いない。再生可能エネルギーも電気エネルギーに変換して使用することが便利で効率的であるし、さらに蓄電容量が増えることでEVが「走る大容量蓄電池」として、国土全域にくまなく張り巡らされた配電インフラとして活用される可能性もある。とりわけ、自然災害が多発する日本においては、こうした分散型のエネルギー供給システムの構築は極めて有効な方法であると考えられている。モバイルの代表格である自動車がエネルギー供給の核となることができれば、再生可能エネルギーをも取り込んだ包括的なエネルギー環境が整備され、モバイル社会の新たな骨格をつくることができるからである。

スマートシティーの基本は適切なエネルギーシステムが機能することが前提であることは自明であるにも関わらず、いままでその理念が軽視され続けてきたように思う。その流れを変えるきっかけの一つが、この度のノーベル化学賞によるリチウムイオン電池への評価ではないか。進まないコンパクトシティーへの流れにも新たな弾みがつくことが期待される。EVを核とするモバイル蓄電システムの進化は、単なる自動車という概念を超え、応用範囲の広がりが期待されている。

（2019年10月25日）

消費構造の変容

日本の景気動向、消費の形が変わり始めている。2019年8月の景気動向指数は低下、求人倍率も横ばいなど、好ましい状況にはない。オリンピックを前に、国際情勢も踏まえた新たなかじ取りが求められている。消費税増税前の数字ではあるが、消費に向けられるエネルギーの停滞が始まったようにも見える。

人間は常にエネルギーを消費して生きている。エネルギー保存則では孤立系のエネルギーの総量は変化しないというが、熱力学第二法則によれば、事物は混乱、複雑な方向に向かうことになる。現実社会もさまざまな外的要因に影響を受けて、孤立系で完結することはない。国際関係はいうまでもないが、いまやネット社会における現実も一つの外的要因として特に消費の面で大きな影響力を持つようになった。

日本国内の消費活動、中でも店舗型の消費に関してはインバウンドを考慮しても、衰退しつつある。これは人口減少もそうだが、より大きな理由の一つとしてネット社会の到来も挙げられよう。例えば百貨店では地方や郊外の店舗の閉鎖が相次いでいる。一世を風靡（ふうび）したコンビニエンスストアも、最大手のセブン＆アイ・ホールディングスが３０００人の人員削減を発表するなどしている。働き手の不足などの影響があるにしても、増え続けるネット通販による消費のあおりを受けていることは明らかだろう。需給を反映した価格変動すら起こり始めている。

ネット通販の実態は正確には捉えられていないが、若者の購買は急速に伸びていることはわかっている。ライフスタイルの変化は急速に日常生活を変え始めている。しかしながら、ネット通販で急成長したＺＯＺＯＴＯＷＮが不振に陥るなど、ネット通販だけが独り勝ちしているというわけでもない。ここには何か容易ならざる課題があるようだ。

その最大の原因は、それぞれの世代にわかりやすい展望が見えていないことではないだろうか。それは単に日本だけの問題ではなさそうである。グローバル社会の中で、自国の展望が見えなくなり、常に世界の政治や体制の変化に振り回されている。アイデンティティーが喪失した根無し草にはエネルギーを消費することができない。そうした現象が多くの人々の精神の奥深いところにまで浸透しているからではないか。自ら居場所を見いだすことができない社会の到来を意味しているのである。

ネット社会においては、消費という行為それ自体が新しい構造を得たといえる。いままでは、消費者がモノのある場所に出向いて、モノにまつわる実態と情報のすべてを受け取るという形であったのが、現在は、モノに付随する情報だけを消費者が選択し、消費するという構造に変わってきたのである。

展望のない社会、情報を消費するネット社会の構造が定着すれば、モノ離れはこれからもますます進んでいくだろう。その時、われわれの都市はどのようになるのだろうか。ネット社会における都市とはどのようなものなのか。〝未来のカタチ〟がいま問われ始めている。消費活動は、都市の姿に密着しているからである。

（2019年11月5日）

多元的社会という現実

産業構造の再編が世界的規模で進んでいる。自動車産業は、欧米メーカーが合従連衡の流れを加速して世界的な覇権争いに突入している。生保や製薬などの世界でも同様な流れが見られる。日本の家電業界の衰退は見る影もないほどである。

しかしながら、そうした産業界の再編は、社会の関心や、消費者の現実に応えての結果ではない。むしろ、企業の論理と消費者の現実との乖離(かいり)が問題なのである。

それは消費者の関心や現実が一変したからである。時代や社会の変化、すなわち、人口減少や高齢化、デジタル社会への突入、グローバル社会という意識の拡大など21世紀に入って、消費者のライフスタイル、価値観が大きく変容し始めたのである。

身近な事例としては、一世を風靡(ふうび)したコンビニエンスストアが挙げられるだろう。それが曲がり角に来ているというのである。

働き手の不足や消費者の購買意欲の変化などに追従できず、報道にも見られるように、一元的な中央管理システムによってつながっている、コンビニ本部と個々の販売店との関係が崩壊し始めているという。2019年現在、全国にはコンビニが5万8000店舗、すなわち人口2000人に1店舗という計算になる。とりわけ大都市の密集地では数百人に1店舗という過密状態である。こうした店舗はコンビニエンス（便利）の名のとおり、消費者の欲求を満たして都市生活にはなくてはならない存在となっている。日本の土壌にフィットして、欧米の車社会とは異なった、極めて小回りの利く利便性を武器にコンビニは発展してきたのである。建築的に見ても、これからの都市構造を考える一つのヒントになるとさえ思えるほどであった。マンションの1階部分や駅周辺など、人口分布をにらんで、都市の至る所といえるほどに店舗数を増やし続けてきた。そこに、消費者の利便性を見抜いた戦略があったのである。

しかしながら、状況は一変しつつある。先に示した社会の変容と消費者の購買構造の変化によってである。

こうした事態は、大資本の合理的生産者の視点と消費者の視点との乖離が著しくなったことを物語っている。もはや、大資本の価値観では、現実の多様な消費者の願望や欲望に応えることはできなくなってしまったのである。

近代社会の発展は、大資本という力の存在によるところが大きかった。大資本は多様な消費者を一まとまりの大衆として捉えて、本来は多様であるはずのニーズを無差別に一本化した図式に則って需給戦略を立ててきた。しかしながら、いまやそうした大資本による強権的論理は通用しなくなったということではないだろうか。産業構造の変容が、消費者のライフスタイルの多元化にいまだ追従できていないということである。改めて、先日も触れたフランスの人文学者アンドレ・ルロワ＝グーランがいうように、人間の利便性を求めても本質は見えてこない。個々の欲望こそがその原点である、ということを最後に紹介しておきたい（274ページ「アンドレ・ルロワ＝グーランの言葉」参照）。

（2019年12月25日）

時代は変わる

令和2（2020）年、技術革新（イノベーション）によって、世界は昭和、平成とは異なる状況になりつつある。例えば、幸福度世界一といわれる北欧の国フィンランドの首都ヘルシンキは、次世代移動サービスではいまや世界の最先端にある。電車やバスは無論のこと、タクシーやカーシェア、そしてレンタサイクルに至るまで、すべての移動手段を手元のスマートフォン一つで決済できる。政府もデジタル技術による新たな社会環境の実現をバックアップしている。ここでは国がその哲学やビジョン、方針を明確にし、それに沿ってそれぞれが機能する様子を見ることができる。多元的なデジタル社会の中にあっては、そうした一貫した哲学・方針がなければ、世界の流れから取り残されるばかりである。

こうした時代の変化を引き起こしている最大の要因は、近代化をけん引してきた「要素還元主義」の終焉（しゅうえん）にあるのではないかと考えている。わかりやすくいえば、例えば工業社会では、製品づくりの過程が細部にわたって分業化され、一つの過程では部品、すなわち「要素」だけがつくられ、最後にすべての部品がアッセンブルされる。そうした分業化、分節化によって、高い効率と精度を達成してきたのであるが、個々の「要素」からは全体像は見えにくい。しかしながら、デジタル社会では分業化、分節化の意味が変わり始めたのではないか。ブラックボックス化は皆無とはいわないまでも、極めて少なくなるだろう。それにはデータの囲い込みがないことが前提となる。ただし、データの問題は同時にセキュリティーの問題でもあるから、データ管理の問題が大きく関わってくる。その意味では全体を見通すシステムの構築は生易しい問題ではないが、デジタル社会においては、部分が全体を見通すことが可能となる潜在力を持つのである。

無論、デジタル社会において分業化や分節化がなくなるわけではない。社会の変容に伴い、それぞれの社会的使命に応えるための分業（それを分業と呼ぶかは議論があるとしても）は、ますます必要になるはずだ。単に機械的作業という要素還元的な分業の姿ではなく、社会的使命を果たし、実現するための俯瞰的で全体論的な哲学ともいうべき考え方が求められるだろう。社会的使命を実現するための分業は、あくまでもその実現のために存在するだけなのであるから。

近代化を前進させてきた分業化は、いうなれば、全体を把握しているのは1人の統率者だけで、その他の「要素」はそこに従属するに過ぎなかった。分業を請け負う者は常に全体とは無縁の形で、一つの与えられた部分だけを要求スペックどおりにつくり上げることが使命であったが、デジタル社会では、関係者がそれぞれの役割を果たすと同時に、全体の中の現在位置を把握し、そこにコミットしてさらに計画をブラッシュアップできるという可能性を秘めている。

これはデジタル社会が技術革新によって、われわれを新たなる世界に導き始めたということなのである。

（2020年2月5日）

第2章

設計と執筆の営みの中で

再生エネルギーへの課題

四国電力の伊方原子力発電所3号機について、広島高等裁判所が運転差し止めを命じる決定は衝撃的だった。阿蘇山の噴火による火砕流が原発に到達する可能性を重視しての判決で、2018年9月30日まで運転中止という決定だ。一方では当然という感も抱かざるを得ないが、期限を限定したとしても、火山国という日本の特殊性を前提にするなら、今回の判決は原発そのものが日本の国土に適しないというほどの意味を持つからである。

11年の福島原発事故後、脱原発の流れの中、再生可能エネルギーの普及拡大を目的とする特別措置法、いわゆるFIT法によって、再生可能エネルギーを用いて発電された電気を、国が定めた価格で一定期間電力会社が買い取ることを義務付けた制度が立ち上がった。民間事業者も投資効果を期待して設備投資は急増、現在の太陽光発電設備の設備容量だけでも8000万キロワットを超えているが、買取価格が当初の1キロワット時当たり40円から現行では24円まで下落(16年度、10キロワット以上、調達期間20年間の場合)、導入当初の勢いは失われつつある。買取価格が電気料金に上乗せされて国民の負担を大きくしていることもその一因であろう。無論、それで買取制度の使命がなくなるわけではない。再生可能エネルギー普及のためには、国民の負担も必要であろう。伊方原発の判決に示されているように、原発の先行きがますます不透明になっているからである。

さて、建築界でも建築の省エネルギー化にますます関心が高まっている。建築のＺＥＢ（ネット・ゼロ・エネルギー・ビル）化である。１次エネルギー消費量と創エネルギー量の差し引きをゼロにするために建築の断熱性能を向上させるなど、パッシブな手法によって負荷低減を図り設備的効果を高めるなどの手法があるが、その最大の課題は太陽光発電装置の設置であろう。しかしながら、太陽光発電には買取制度というメリットがあって、民間事業者の事業が成り立っているところがある。国民に負担を強いてまで、さらなるＺＥＢ化を追求する意味を考える必要があるだろう。一方で啓蒙的効果を期待することもできるが、ＺＥＢ化が太陽光発電装置の設置に傾き過ぎることは本末転倒である。太陽光による発電は天候や時刻により安定供給が困難であり、貯蔵が難しいという電力自体の性質などと合わせて考えると、安定的な使用の可能性は少ないからである。さらに、発電装置の耐用年数や設置場所の確保など、コスト以外の問題も少なくない。

再生可能エネルギーには太陽光以外にも水力やバイオマス、地熱、風力などがあるが、地勢的特色や環境によって、安定供給も極めて限定的になる。エネルギー供給装置の設置場所や送電問題を考慮する必要もあろう。例えば、日本の水力発電などは場所的にも限界に達している。今後もそれぞれの技術が飛躍的に拡大する可能性はそれほど高いわけではない。

結論を出すつもりはないが、パッシブな側面から建築の断熱性能を高めることこそ、ZEB化に大きく寄与することであろう。さらにベストミックスしたエネルギーの採用が問われていることはいうまでもない。

（2017年12月27日）

木材の利用と加工性

近年、CLT（直交集成板）などの木質系建材が建築の構造材として使われ始めている。大型ビルの構造材としての挑戦など、コンクリートや鉄骨の特性にはない、木材の特性に沿った可能性についての関心が高まりつつあるということであろう。木材のメリットとデメリットを使い分けるハイブリッドなシステムとしてCLTの登場なのである。その動向については、異論はない。

CLTへの関心の高まりは、自然回帰の流れとともに日本建築の伝統でもある「木への愛着、親和性」が見直されてきたからである。さらに、森林国日本の林業との連携がある。

日本の林業が外国の木材に押されて、衰退を押しとどめることができなくなってきた現在、CLTへの関心を契機に、国産材の消費を活性化しようとする動きがある。現状では人材の高齢化や後継者不足、コストなどの理由から、なかなか国産材にシフトする動きが見いだせてはいないが、政府は、「森林環境税」の創設などによって、荒れた森林の整備や林業関連の人材育成を図りつつ、国を挙げてCLTへの流れを促進させる動きがある。確かに木には自然の温もりがあり、時代が求める感性にも合うのであろう。あたかもCLTが流行するかのように掛け声だけは華々しい。

しかしながら、日本の農業政策と同様、国産材を外材と同一レベルで競争させることは所詮できない相談だ。グローバル市場という観点を抜きにしては困難な状況が待ち構えているだけである。

では、筆者の木材へのこだわりはどこにあるのか。その柔軟な加工性にとりわけ期待している。加工性が生み出す成果によって、さまざまな波及効果につながり、日本の林業への関心が高まることを願っている。

木材の加工性の高さは、日本建築の伝統的表現、例えば寺院の軒先に見られる繁垂木（しげだるき）、斗栱（ときょう）などのディテールや収まりに端的に表れている。その高度な表現を成さしめているのは、木材の加工性の高さである。いかなる形状にも加工できて、しかも抑え金物などを使わなくとも、連結して力学的合理性を担保しながら、極めて美しい姿を表すことができるのである。雨や虫などの浸食にさえあわなければ、１００年というオーダーに耐えることも可能である。

単に建築の構造材という関心だけではない、木という素材本来の魅力について関心を深めることの必要性を強調したい。耐火性を高めるために、幾重にも加工を施し、本来の木の魅力を引き出すことなく、強制的に木の温もりを表現として表すことには抵抗を感じる。無論、それを否定するものではないが、木は木として使い、弱点を考慮しながら、その自由度の高い加工性や扱いやすさを多面的に生かし、針葉樹から広葉樹に至る高品質で多様な森林国日本の国産材の育成を総合的に考える方向も必要ではないだろうか。

国内の林業政策と木材への関心が連携しづらい現状は如何（いかが）なものか。木材への関心は、ＣＬＴだけが代表しているわけではない。木そのものの特質と日本という環境・地理的個性など総合した政策を合わせて考えていくべきであろう。

（2018年1月24日）

AIはどこまで建築を変えられるのか

AI（人工知能）の進化が著しい。金融界では、フィンテックをはじめとして、ヘッジファンドなどで活用され、超高速の取引が行われている。もはや既存の金融業界の商取引では成り立たない状況が現実化しつつあるのだ。既存の組織や資本力がものをいう時代ではなく、技術革新を誘導することができる斬新な構想力が問われる時代なのである。

さて、建築の分野でのAIによる改革はどのようなものだろうか。周辺部では確実に稼働しつつあり、さらに生産現場、とりわけ現場の施工管理やロボットによる制御システムなどの分野では、もはやAIの参画は時間の問題であり、技術的にも大きく前進し始めている。こうしたデータをもとにした解析手法を機械学習という。

しかしながら、建築を構想する段階、すなわちデザインやアイデアの検討などの段階でのAI活用はいまだ容易ならざるものがある。アイデアの創出にAIがどこまで近づくことが可能なのか。膨大な量のデータ処理能力は確実に進歩しているが、さらにニューラルネットワーク、すなわち脳を構成するニューロンのネットワーク構造を模したモデルを用いたディープラーニングの手法がどこまで人間の脳のレベルに到達できるのか、現在研究が進められている。しかし、それらの研究でも、現状では脳のほんの一部のモデルがシミュレートされているだけである。そこには人間の身体を再現するほどのレベルの困難さが横たわっているのではないか。ＡＩが人間を超えることは果たして可能なのか。

２０１３年に英国・オックスフォード大学の研究者が発表した論文「雇用の未来」の予測によると、米国の雇用者のうち47パーセントが10年後にはＡＩに職を奪われるという。中でも銀行の融資や窓口担当者、タクシーの運転手、料理人、会計士などの職種は90パーセント以上の割合でＡＩに代替されるという。一方、デザイナーや医者など創造性や協調性が重要とされる職種では、ＡＩに置き換わる可能性は低いと指摘している。この研究を見て感じるのは、脳は単なる高度な計算機なのではなく、優れた創造性を持つのであり、コンピューターがその役割を代替することが可能なのかという疑問である。多くの科学者、とりわけコンピューターの専門家は、現在の技術では多発的な創発は起こりにくく、あくまでも機械学習の累積的成果に過ぎないと考えているようだ。

建築の計画・設計の分野では創造的アイデアが多く必要とされる。それゆえに、オックスフォード大学の研究でも指摘されているように、ＡＩはそれにとって代わることは難しいといわれる。

しかしながら、今後、そうした創造性を多面的に支援する膨大なデータ解析が発展してくれば、新たな方向に創造性それ自体が誘導されるという事態は大いにあり得るだろう。そうなれば、その先に果たして何が見えてくるのか。創造的能力をAIが得るのか。答えのその先がどこにたどり着くのか気になるところではあるが、AIに主体性を委ねるのではなく、建築家自らの思考と行動の内にそれがあることを信じたい。

（2018年2月2日）

両義性を問う

マルクスやヘーゲルの言葉、哲学を述べるつもりはないが、弁証法の思考過程は常に現実の行動にリンクすると筆者は考えている。二つの異なる概念や現象のありように触発されて、人は現実の何かに気付かされるからである。これは単に、二者択一や外形的比較論ではない。例えば、社会的問題の中身について検討する場合、考え方の相違などを見つめ直す概念の深化が問われることになる。物事には批判と肯定の側面があり、双方への深い認識があって初めて問題の核心に迫ることができるからである。弁証法の思考過程とは、いわば現象の分析の上に立って、総合的な評価を勝ち取る推論の技術・能力の開発なのだ。さて、なぜこのような問題提起から始めたのか。社会現象を読み解き、いま社会から問われている課題に対して弁証法的応答を試みながら、人は自らの存在を示すからである。これは建築界に関わる多くの人にも極めて共通性の高いテーマであろう。建築ほど濃密な社会的存在はないからである。

しかしながら、ジャーナリズムが取り上げる建築の多くが、そうした検証を果たして設計のプロセスの中に組み込んでいるだろうかと考えることが多々ある。単に一面的なルックスに魅力を見いだすことに重きを置いている建築があり、それを美しく見栄えのよい写真として切り取って載せることがよしとされる傾向が見られるが、そのような表層の問題ではなく、思考のプロセスが問われる建築のあり方、そして社会と向き合う設計者自身の強い意志の存在を示すことが重要なのではないか。そのためにも、思考のプロセスを明示的にすることは極めて大切なことなのではないだろうか。着想は個人のものであっても、建築が地上に顕現した時点で、それはもはや社会的存在へと様態を変えることになるからである。

冒頭に述べたとおり、弁証法的な思考においては両義的プロセスをたどった結果においてアウフヘーベン(止揚)された結論は時には現象としては元に戻ることになる場合もなくはない。しかしながら、その結論はあくまでもアウフヘーベンされた結論だということが重要なのだ。

建築の思考は、常に偶然と必然の間をさまよいながら、最後は必然の文脈に組み込むことになる。でなければ、具体的秩序を持った建築にはならない。そこには常に両義の世界が見え隠れしている。あたかも、一つの言葉はほかの言葉との違いという関係性の中でしか定義されないというスイスの言語学者フェルディナン・ド・ソシュール（1857－1913年）の考えのようだ。彼に従えば、それは初期条件の差異の問題であり、最後は感覚の問題に帰着するのである。

今回、建築の成立する過程において難解な思想の重要性を述べたのは、建築を志す者は、建築の社会的存在の使命と責任の重さに応える責務があるからだ。建築は、初期条件や仮説の設定によってさまざまな世界を描き得るが、過程においては両義の世界をさまよい、その中から必然の道筋を見いださなければならないのではないかという問題意識である。

すなわち、建築の偶然性、曖昧（あいまい）性をどこまで理性的に感覚の世界を制御できるかという問いかけである。

（2018年3月13日）

問われる新しさ

時代の変化とともに、自らの身の回りの環境を新しくすることが必ずしも正しいことではあるまい。しかしながら、世の中は時代とともに変わり続けるのが常である。

筆者の住まいの近く、東京・下北沢という街が大きく変わっている。昔の面影は一新され、清々しい風が通り抜ける開放的な空間が出現し、過去の街並みを思い起こすことすら困難になってしまった。

下北沢といえば、演劇やファッションの街として若者に人気の街である。飲食店などが並ぶ中に戦後の闇市の名残もあり、雑多な空気が醸し出す「シモキタ」独特の匂いや雰囲気が愛されていたのだろう。

東京という場所は、極めて起伏の多い地形の上に出来上がっている。「シモキタ」もその一つで、小田急線と京王井の頭線が交差する場所でありながら、土地の起伏に沿って自然な立体的交差をなした駅舎が出来上がっていた。地形の立体性と街の構成による独特な複雑さが一層「シモキタ」の味わいをつくり上げていた。

小田急線の混雑緩和の目的で下北沢周辺では地下化によって進められてきた複々線化

の工事が最近完成し、駅舎とその周辺の広場や、戦後から続いていた店舗などが一新され、地上の風景が近代化された。近代化という言葉の是非はともかく、新しくなったのである。地下化によって地上部が解放され、都市計画の観点からも整理整頓ができ、合理性は高まったといえるだろう。こうした変貌によって街を未来へつなぐことができたという意見も少なくない。街の安全・防災、わかりやすさ、開放的そして近代的などという言葉の概念が優先されたのである。しかしながら「シモキタ」の魅力は、小さな店が迷路のように軒を並べるという猥雑（わいざつ）さにもあったのではないのか。

その意味では、土地との文脈に対して、いまだ合理的姿は見えていない。井の頭線との整合性や連絡など問題も少なくないが、それでも過去は常に更新され、新たな前進を求める。時代の変化が求める、不便さをなくし使い勝手をよくしたいという意見が勝利したのか。一方で、過去の哀愁や記憶に惜別できない感情が、そうした更新の姿勢を鈍らせてしまうこともあるだろう。そもそも更新とは、改革的な更新なのか、漸進的更新なのか、どちらが正しいかは誰も判断できない。なぜなら、その流れを決めるのは、すべて人間の気持ちや意志だからである。人間は保守と革新の狭間で生きている。その振幅に、気持ちが左右されるのである。

「シモキタ」問題は、そうした人間の価値観や判断を揺さ振り続けてきた。しかしながら、現在の結果が一つの現実ではある。無論、そのすべてが正しいという判断を下すことはできない。多くの人の気持ちや価値観を消し去ったという事実も認めなくてはならない。その上で、現在の結果の意味を共有することが重要である。それなくして現在の「シモキタ」はないのである。

再生され、新しくなった下北沢駅周辺は、むしろこれからの展開が問われることになる。変化することの意義と価値である。

（2018年4月9日）

都市の潜在力を読み解く

グローバル時代に突入し、国家対国家から都市対都市が競合する時代に変わり始めて久しく、都市間競争という言葉が流布しているとおり、世界の都市は比較分析され、さまざまな分野でその活用が始まっている。都市の持つ経済力、金融力、文化的活動や資産、人材の豊かさと教育環境など、多彩な評価軸に沿って、都市全体の評価が世界レベルで行われている。森記念財団による日本発のランキングはつとに有名だが、海外でもEIUおよびシティグループ、「Monocle」などがそれぞれの評価軸によるランキングを発信している。

都市の持つ役割がさまざまな現実的課題を読み解くベースになるということであろう。

さて、今日、都市や建築を新たに計画、設計する時に、個別の問題だけに焦点を当てて取り組むことはもはや困難である。個別の建築やスポット的な都市開発においても都市の持つさまざまな潜在力に裏付けられる必要がある。その時、潜在力の根拠となるのがまさに都市の持つ評価なのである。

都市の評価といえば、直ちに思い出されるのが、筆者が若かりしころ滞在したこともある、15世紀に花開いたイタリア中部の芸術文化都市ウルビーノである。ルネッサンスを代表する画家ラファエロの生家、そして建築家ブラマンテで有名な小さな都市であるが、何よりも、この街の性格を決定付けているのが、象徴的な存在であり、現在は国立マルケ美術館となっているドゥカーレ宮殿である。神の建築との別名を持つその存在のもとにヨーロッパ全土から数多くの芸術家や思想家、学者などが集まり、さまざまな知の交流が行われたといわれ、ウルビーノという都市の存在感を高める役割を果たしてきた。そこには、明確に宮殿と都市の関係が読み取れ、都市の力が示されている。

イタリアのルネサンス期、フィレンツェをはじめ文化の花開いた都市は数多（あまた）あるが、ウルビーノほどの存在は見当たらないといってよい。こうした経緯やそのすばらしさは2人のドイツ人研究者、ベルント・レック氏とアンドレアス・テンネスマン氏による著作『イタリアの鼻』(中央公論新社、2017年)をご一読いただければ、よくおわかりいただけると思う。

ウルビーノと現代の都市を比べることは少々飛躍しているようにも思えるが、都市の力がこれほど明らかな例はなかなか見られないからである。一方、現代の都市においては、それほど単純に都市の力を読み取ることは難しいが、先の都市ランキングのように、そうした研究はさまざまなレベルで進んでいる。

個別の建築といえども、常に既存の都市と不可分な関係を持っている。その関係を無視しては、どのような建築であっても存在する意義も力を持つこともできない。そうした関係性を見抜いた建築は都市の潜在力を得て、大きく羽ばたく力を得ることになるということだろう。現代の複雑な都市であるからこそ、そうした既存の都市の分析研究が不可欠なのだ。この流動化し、複雑化している現代の中で、都市の力・魅力とは何かを考えることの意義は極めて大きな課題である。

（2018年4月25日）

住宅の高層化とタワーマンション

過日、かつてリゾート都市として開発が進められた新潟のある都市の風景を目の当たりにして、唖然とした思いに駆られた。夜になっても明かりの灯らないタワーマンションが不気味にそびえ立っていたからである。リゾートの趣などまったく感じられず、人口減少の地方都市の現実を垣間見た思いである。

いま日本の都市は、人口減少と高齢化の波にさらされている。とりわけ、都市住居のありように暗雲が垂れこめ始めている。以前、中国の都市部でも同じような光景に遭遇したが、人の気配がまったく感じられないタワーマンション群は、現代都市の廃虚のように思えてならなかった。新潟の風景も高層型都市住居という形式がもたらした建築の商品化という利益誘導の成れの果てとしか思えない。廃虚以上に、住む人のいないタワーマンションほど、都市の風景を破壊するものはない。簡単に撤去することもできない以上、深刻な事態はなかなか改善されないだろう。

一方、東京などの大都市部では世帯数の増加とともに新築マンションは増え続けている。しかしながら、その都市部でさえ、2025年以降に人口が減少し始めることは確実視されている。都市部の人口減少が続けば、都市型タワーマンションはどうなるのか。商品価値が下落するのはもちろんだが、都市の姿が一挙に不気味なバベルの塔に化してしまうのではないかという懸念がある。

高層化された住居形式の是非については常に議論があったが、ここに来て、その是非論に一定の方向が見え始めた感がある。人の住む環境としての是非論以上に、郊外型大規模団地の荒廃や住み手のいない空き家などの問題が、近い将来タワーマンションにも暗い影を落とし始めることは確実だからである。そして、こうした問題が地方都市から大都市に波及するのは時間の問題であろう。

また、タワーマンションのリスクはいくつも指摘されている。例えば緊急事態の際、救出が困難であるために高層部の居住者ほど死亡率が高くなる恐れがあるという報告がある。そして、現実の大都市東京にも人口減少や高齢化は、確実に押し寄せてくるはずだ。例えば老人がタワーマンションのような高所に住むことの是非はどうか。困難さがさまざまな点から浮き彫りになるだろう。

状況は異なれども、先に述べた中国の現実が必ずや日本の現実に置き換わると考えている。そもそも、住宅が過剰な商品取引の材料にされる事態が異常な経済至上主義の矛盾を露呈しているのである。タワーマンションのような、現代版バベルの塔への傾倒はいい加減に再考すべきではないのか。次世代に向け、建築は人間のための豊かな都市空間の要素となるべきであることと同時に、地球環境に大きな影響を与える存在であることにも、もっと関心を払おうではないか。需要と供給に基づく経済の論理ではなく、将来への理性的な展望を備えた見識が次世代の都市空間を救うと考えることが妄想や独断であるはずはないと思うのだが、こうした思いをよそに、住宅の高層化は進むのだろうか。

文書と建築表現

国会が文書改ざん問題で揺れているが、公文書に記されていることが事実と認められることは行政の基本的ルールである。それが政治の思惑や「忖度（そんたく）」でゆがめられたり、修正されたりすることはルール違反である。ルールが守られてこそ行政機能は維持される。そのために行政の発案や行動には多くの能力が投入されているのである。しかしながら、公文書はあくまでも記録であって、事実の正確なトレースが求められる。すなわち、行政行為と公文書は一対の役割を持って成り立っているということである。

さて、建築の世界にも文書はつきものである。建築は具体的形で表わされるが、その内奥に盛り込まれている仕組みやコンセプトが外形から理解されにくい場合も少なくない。そのためには、理念やコンセプトをつまびらかにして、外形には表れない技術やデザインの意味を理解してもらう必要がある。そうした解説があって初めて建築の本意が伝わるのだと常々考えている。しかしながら、一般には、建築の出来上がった姿にだけ関心が持たれる。それは仕方がないとしても、建築を生業としている者、関心を持っている者にとって、文書による説明や解説は建築そのものと不可分であろう。説明や解説が不十分であったり、稚拙であったりすれば、建築の程度も知れるということになる。中身のない、見てくれの建築として評価されても致し方ない。

　そして、その文書は、単に文章として優れているだけでは困る。建築の成立した根拠を示すために、その中身を掬い出すような内容がなければ意味を成さないのである。公文書の使命は現実の事態・状況を正確に明示的に記録することであるが、建築は既に出来上がったものそのものが明示的存在を持っている。文書の持つ役割は異なるが、重要なことは、外形の明示性と中身の問題は、常に相補的関係にあるということである。

　建築や都市の形には隠された言葉＝中身がある。それを掘り起こして形態の意味を知ることによって、背景に隠された意味や歴史を知ることになる。歴史ある都市や建築を見る時、そうした内奥を知ることが深ければ深いほど、味わいも深まるというものである。知識がなければ、ただ街の中を通り過ぎるだけなのである。

　いま、改めて文書の重要性について考えたい。実はそうした文書は補助的役割を担う付帯的産物ではないということである。むしろ、文書こそが事態の本質をあぶり出す役割を担っているのではないかということだ。

例えば、夏目漱石の小説は、建築をつくる思考と同じであると思っている。当時の自然主義と一線を画した、独自の思想や倫理観に裏打ちされた文学空間を示している。文章の持つ力である。内実を形にまで止揚して、文体と中身が一体となって、相互を高めあうのだ。しかしながら、いまや役割や立場の自覚のない文章がまかり通っている。もちろん、優れた建築家は文章への心配りがある。メールの文面のように、伝達だけを目的とした記号的文章の氾濫に対して、文章の持つ重要性を改めて認識したい。


（2018年5月16日）

ペデストリアン・シティー

英国王室・ヘンリー王子の結婚式が2018年5月19日にウインザー城で行われ、世界の注目が集まった。兄のウィリアム王子の結婚式以来のロイヤル・ウェディングで、新郎新婦はウインザー城に向かう歩行者と馬車優先の長さ4キロメートルほどの「ロング・ウォーク」(ペデストリアン・ウェイ)をパレード、12万人以上の観客に祝福された。

この「ロング・ウォーク」は車は通れないそうだ。馬車時代の伝統がいまに残っているのである。似た例として取り上げられるのが、19世紀末、ジョルジュ・オスマンによるパリの都市改革計画である。パリは比較的小さな20の行政区が集まってできている。一つの行政区は村のようなスケールでできており、郵便局や薬局、レストランなど日常的に必要な施設はすべて整っている。

20世紀、ガソリン自動車の普及に際して先駆的役割を果たすことになったのはフランスであった。ル・コルビュジエの設計で知られるサヴォア邸(1931年)には、25キロメートルほど離れたパリへ自動車で通うために車庫が初めて設(しつら)えられたのはよく知られている。20世紀初頭、パリはまだ馬車と歩行者の時代で、自動車が普及し始めることになったのは30年代以降の話である。自動車を前提とした都市計画にはなっていないオスマンの計画の不都合を乗り越えて今日のパリの交通体系が整備されてきたのだが、それでも当時の馬車と歩行者の時代の痕跡は至る所に残っている。

そして現在は、自動車優先から歩行者を中心とした新しい都市のモビリティーが求められている。単に自動車を排除することではなく、パリの行政区のように、歩行者にふさわしいスケールと設備を備えた都市の「単位と区分」を明確にして、自動車優先の都市計画からの離脱を図るということである。

米国の作家、ジャーナリストであるジェイン・ジェイコブスは名著『アメリカ大都市の死と生』や『経済の本質―自然から学ぶ』（日本経済新聞出版、２００４年）で都市の人間不在を強く警告してきた。自動車が支配する人間不在の都市空間、歩行者を喪失した都市ほど不幸なことはないと指摘したのである。新たな都市のモビリティーこそがペデストリアン（歩行者）優先が確立された都市の姿である。ペデストリアン・シティーという言葉があるように、もはや都市は車ではなく、歩行者のためのものになりつつあるのである。

これは、ある意味ではコンパクトシティー実現への一歩である。高齢化と人口減少が待ち受けている日本の社会の変容に即した都市のあり方である。歩くことが優先され、人々の豊かな交流が促される都市こそが、これからのあるべき姿であろう。

自動車も技術革新でいまや大きく変貌しようとしている。自動運転車や電気自動車などは歓迎したいが、重要なのは誰もが自由に歩き回れる都市の姿を再び現代に呼び戻すことである。中国でも小さな単位によるネットワークを考えた都市づくりを模索し始めている。単に自動車を排除するのではなく、新しい都市の姿を模索し始めているのである。

それは、日本の直近の課題でもある。

（２０１８年５月２８日）

タワーマンションを考える

都市住居のあり方についてはさまざまな見解があるが、大都市ばかりか、地方都市にも増えているタワーマンションをはじめ、都市部に壁をつくるような中高層マンションの弊害について本稿では何度も述べてきた。それでも、ユーザーの願望か、ディベロッパーの戦略か、あるいは自治体の生き残りをかけた切り札なのか、市場は活況を呈している。そんな折、日本経済新聞がタワーマンションの問題を取り上げていた（2018年4月27日付朝刊）。「住民を争奪」や「高度成長期モデル捨てきれず」など多少過激な見出しを見て、大いに後押しをしたいと思ったのである。

筆者はまず、高層マンションの生活の場としてのさまざまなリスクを指摘してきた。例えば、救急時の搬出には高層階ほど困難になるという点だ。また、地域社会を生み出す横のつながりが極めて限定的になる点も、つとに指摘されている。眺望や交通の利便性などの魅力はあるが、それは一面的な見方に過ぎない。

すなわち、これから超高齢化と人口減少に向かう日本の社会構造を見ないで、スポット的に利益を誘導することは単に無益だからである。人口減少による活力低下を危惧（きぐ）するあまり、行政が長期ビジョンもないままに民間の事業を後押しすることが正しいのか。また、規制緩和によりこれ以上にタワーマンションの建設が進めば、インフラや公共施設の維持管理など公的な財政負担はさらに増加するだろう。その膨大な負担は、明らかに人口減少に耐えられない。それゆえ、自治体間で住民争奪戦が始まっているのである。こうした悪循環の中、人口減少社会へ向けたビジョンを明確化する必要がある。

また、空き家問題にも触れる必要がある。高層マンションの空き家は一層深刻である。一気にスラム化する可能性があるからである。米国などでスラム化がもたらした悲劇を忘れてはなるまい。日本の住宅産業は世界的に見ても過剰投資であり、中古市場の流動化が進みにくいともいわれているが、その原因は、新築を好む日本のユーザーと、そうした傾向をあおり立てる事業者双方にある。

都市と集合住宅の関係は、社会という絆があって、人々がコミュニケートできる土壌をつくるということから始まっているが、現代社会においては個人の利害や利便性によって地域の人間的つながりが分断されてきた。それに立ち戻ることが可能なのかはわからないが、超高齢化、人口減少社会という現実に応えていくためには、タワーマンションの乱立のような現象を徐々にでも制御すべきなのではないだろうか。

そのために何をすべきか。これも繰り返し言い続けていることだが、コンパクトシティーへのかじ取りを国を挙げて行うことだ。もちろん現実は容易な道のりではないが、もはやほかに有効な方策はないと思っている。

いずれにせよ、規制緩和による郊外の乱開発や都市部の容積緩和などは再検討されるべきだろう。人間らしい暮らしを営める居住空間は地上に近く、緑や水に触れられ、人々との豊かな交流がなくてはならないからである。

(2018年5月30日)

社会の連携と倫理

人間がともに生きるという意味が希薄になり始めている。社会が世界にも開かれる中、「生の身体感覚」が失われているのだろう。社会の広がりとともに社会の分断化が進み、人間同士を結ぶ絆は喪失し、いまやともに生きるという「社会の概念」が変わり始めている。

この問題は建築の計画・設計には極めて大きな問題である。東日本大震災の後、人間相互に支え合うことの重要性を、その受け皿となる建築を通して表現したのが「みんなの家」であった。しかしそれらは局所的な問題解決である。

社会があまりに平坦になって、災害や事件がなければ絆のよりどころを見いだすことができないのではないか、そうした懐疑が渦巻き始めている。公文書の偽装問題、日本大学アメリカンフットボール部の悪質タックル問題など、社会人として生きることの責任と使命がどれも果たされていない。社会のルールを無視しては、社会の秩序は保たれない。

広がり過ぎた「フラットな社会」にその原因が隠されている。みんな、集団内で自分の前後の関係は見ているが、横に広がる他者への配慮やいたわりは見ない。まさに分断された社会である。自己保全、利己主義といってもいい。米国トランプ大統領の発言や政策はまさに世界の分断である。ともに生きる枠組みを共有しようとする姿勢など微塵もない。周りが平坦だからこそ、強者の論理や独断的思惑が独走する構造が生まれやすくなるのである。

そうした現実社会の中でなすべきことは、社会人としての常識・理性の獲得であり、その根幹にあるのは倫理観である。横方向を配慮する常識の喪失が現代社会の特色であり、それは即物的な利害を優先する社会、すなわち経済至上主義社会である。平準化された社会では、市場経済の表向きの妥当性(平等性)が評価される一方で、他者を否定して勝ち抜くための構造が内在している。その構造下では、ともに生きる常識や倫理観は生まれにくい。

先日掲載された「ペデストリアン・シティー」(105ページ)を参照していただきたい。お互いに顔が見えるぐらいの単位やスケールを一つの目安として、それぞれがネットワーキングして大きな社会に発展する構造が不可欠なのではないだろうか。単位同士のルールやアイデンティティーの共有化、さらには単位とその周辺部とが共存していけるような都市づくりが行われ、人間の身体感覚で認識できるレベルにあるということが大切なのである。倫理観を失うとは、個が社会的ルールを共有できないということなのであるから。

いま、日常の感覚から倫理観が失われかけている。ゼネコンの談合、建築家の設計に対する行動規範の欠如など、建築界においても同様であろう。倫理観とは、個人の帰属する団体や社会の中で定められた行動規範によるところが大きいが、基本は、社会人としての自覚と常識の問題に帰結する。社会人として「ともに生きる」ために何が必要で、どうすれば他者の存在をリスペクトしながら、歩んでいけるか。自己保全の意識が倫理を毀損(きそん)するのである。それは競争社会の不条理でもある。

(2018年6月18日)

都市の広告は何を語る

ニューヨーク・マンハッタンといえば、何よりもイメージを喚起させる場所がある。自由の女神でもなければ、エンパイア・ステート・ビルでもない。それはタイムズ・スクエアである。猥雑な空気感、にぎわいがこの場所の個性を表している。毎年大晦日のニューイヤー・カウントダウン・イベントが世界中に中継されている。その中心、42丁目の7番街通りとブロードウェーの交差点にタイムズ・スクエアを象徴するビルボードがあるのだ。タイムズ・スクエアといえば、すなわちビルボードを指している。

　そのビルボードを飾っている東芝の広告が姿を消すことになった。契約満了と企業の業績悪化に伴う判断らしいが、広告と都市空間との関係がこれほど如実に表れているこの場所の意味を改めて思い知らされた気がする。まさに現代という時代の勢い、流れが読み取れる場所として、いまなお、世界の時代性を表す象徴的場所である。コカ・コーラから日本企業、そしていまや韓国、中国企業などの広告が存在感を示している。

　一方、タイムズ・スクエアに引けを取らない存在であるロンドン随一の繁華街、ピカデリー・サーカスの顔であるビッグ・スクリーン「ピカデリー・ライト」もブロードウェーのビルボードと同様に更新された。日本の大手電機メーカー撤退の後、韓国や中国の進出が際立っている。ここでも時代の栄枯盛衰を感じざるを得ない。

　ヨーロッパの古い都市には広場を介して、教会、市庁舎、時には市場が集まって、その街の中心、顔が形成されるが、一方、王族や権力者の建築が都市のシンボルを生み出すこともある。それぞれの建築そのものの表情が都市の中心をつくっていたのである。

翻って、現代都市の中心性は、建築をも凌駕（りょうが）する広告（ビルボード）の存在なくしては成り立たないほどである。都市の役割は、そうした社会の活動を表出する広告によって表されているのだ。都市の中枢に位置する広告塔は、いわばそこを象徴する顔なのである。広告なくして、もはや現在の都市は存在しないともいえる。それほど経済や企業の力が社会を支配しているということなのである。

都市の広告の変遷は、時代の要請、そして環境技術の変容に寄り添っている。紙によるポスターから、電飾やネオン管、そしてLEDなどへと変わってきているが、そこには時代が生み出してきた最先端の技術や時代が求める感性が投入されているのである。建築が常に社会の要請に応答してきたように、広告も同じような役割と使命を委ねられているのである。

しかしながら、タイムズ・スクエアやピカデリー・サーカスが永続的な存在となるのか。あのせわしなくきらびやかで派手な演出は、現在の経済至上主義が成せる結果であることに違いはない。世界を揺るがせたリーマン・ショックの震源地のビルを見るまでもないが、いまそのあり方が問われ始めている。改めて、広告と都市の表情から読み取れる現在という時代を考えてみたい。

（2018年6月28日）

アート、建築そして都市空間

私の知り合いで、世界的に著名な日本人彫刻家が2018年の春先に亡くなった。30年近くイタリアに滞在し、ヨーロッパの美術界では極めて高い評価を得ていたが、一般社会との距離感はなかなか狭まることはなかった。日本でも幾度となく展覧会が開催されてきたものの、知名度が高かったとはいえないだろう。そのせいか、さまざまな受け入れ先に紹介しても、関心を引くことがほとんどないのが実情で、文化的土壌のなさには落胆するばかりであった。

アート、とりわけ彫刻作品は、建築や都市空間を豊かにし、両者の関係に新たな意味を与えてくれるがゆえになくてはならないと常々思っている。彫刻の立体性は、建築や都市のスケール、空間になじみやすいからである。優れた作品に出合うと、建築は一層輝きを増し、都市の魅力がさらに引き立てられる。

さて、「KAJIMA彫刻コンクール」という日本では数少ない民間の彫刻コンクールがある。鹿島建設が隔年で開催し、17年で15回を迎える。毎回筆者のみならず多くの建築家が期待を持って注目している。「彫刻・建築・空間」をテーマに、新しい空間創造を目指そうというものだ。さらに注目すべきことは審査員の構成である。審査委員は6人のうち美術評論家は1人、彫刻家が2人、そして建築関係者が3人である。つまりこのコンクールは美術家だけが優れた作品を選ぶというものではなく、建築や都市空間に新たな創造的示唆を与え、相互の新しい関係性を誘発するという明確な意図があるということなのである。趣味・収集の世界ではなく、開かれた美術作品のあるべき可能性を探ろうとする、まさに現代社会が失いかけている感性の発掘なのである。

以前、本稿でイタリア・フィレンツェの北西約33キロメートルにある、小都市ピストイアの病院を紹介したことがある（14年6月20日付「一つの病院の姿」、前著『棘のない薔薇』に収録）。心地よい癒しの空間を提供するため、先に述べた日本人彫刻家も含めた世界的な芸術家に現地で作品を制作してもらったのである。病院の建築空間の豊かさを高めるため、芸術家たちの滞在費、制作費を高名な美術コレクターでもある病院オーナーが負担したという逸話を聞き、建築に関わる者として感動した記憶がある。その病院は、広大な公園の中にあり、建築と彫刻、そして豊かな緑が連携しており、機能優先で、ともすれば無機的になりがちな病院を人間にとって最も重要な癒しの空間にするために、アートがいかに大きな役割を果たしているのかが目に見えて伝わってくる。

一方、日本の公共空間においては、こうした建築とアートのコラボレーションは容易ではない。本来なら公共空間においてこそ必要だと思うのだが、現実にはリーダーたちの認識や関心は極めて低い。欧米のリーダーとの違いには愕然とさせられる。無論、自治体の財政が厳しいことも事実だが、イタリアなどでも予算化が容易でない状況の中、取り組みが続けられているという。アートの持つ意味や可能性については考えを新たにしてほしい。

その意味でも、「KAJIMA彫刻コンクール」の役割は極めて大きい。

（2018年9月11日）

都市と文化の相関

地方都市再生の掛け声も虚しく聞こえる昨今だが、若者たちの行動により、再生の芽が出てきたようにも感じられる。

日本の近代都市の成長は、経済主導が導き出した姿であると言い続けてきたが、それには二つの側面がある。欧米にも負けない豊かな都市が出来上がっている一方で、マーケティング主導の便利さだけを追求した姿である。その代表格が、いわゆるコンビニエンスストアである。老若男女問わず大いに利用されているが、市場調査の結果に基づいて無駄なく商品を入れ替える、極めて効率的な店舗運営の結果でもある。

しかしながら、店構えはどれも同じようなものばかりで、それを見るにつけ、言い尽くせない哀れさを感じる。日本だけの話ではないのだろうが、それでも都市部にコンビニが集中している姿は日本独特の傾向であろう。

このような状況に比べ、フランス・パリの都市へのこだわりには常々感心させられる。それは、フランス文学者、鹿島茂氏によるパリの描写によるところが大きい。氏の筆になるパリの社会・歴史・風俗への描写は、バルザックに匹敵するほどに洒脱なものである。例えば、1998年の著書『パリ五段活用』(中央公論社)でのパレ・ロワイヤルの描写はいまの日本の都市の現状にも極めて示唆的である。

「ルーヴル宮殿のすぐ目の前に、パレ・ロワイヤルという建物がある。この建物の一階は、回廊式のアーケード商店街になっているが、ここは、現在、パリでもっとも寂れた商店街ではないかという気がする」と述べ、パリという街の喧騒(けんそう)から通りを一つ隔てるだけで、パレ・ロワイヤルがタイムトンネルをくぐったように「ほとんど『死の沈黙』ともいえるほどの静寂の中にあらわれる」と表現している。単に空間の変化でもなければ、時間の変化だけでもない理解を超えた不思議さがあるというのである。氏は「無用性の価値を愛すること、この点にこそ、文化の基礎があるのだ。なぜなら、有用性の文化の価値体系というものは、それが無用の用によって補われたときに、初めて、『人間的』な次元の高みに上ることができるからである」という。氏はパリの魅力・にぎわいを象徴するシャンゼリゼと、それに対比されるパレ・ロワイヤルがあって初めてパリがあると指摘しているのである。このくだりに感嘆した覚えがある。

パレ・ロワイヤルの歴史は古い。17世紀、ルイ13世時代に始まり、革命家や民衆が集うパリ唯一のにぎわいの場となり、フランス革命以降は劇場や住宅などに転用されながら凋落(ちょうらく)の一途をたどってきたが、現在でも当時の建築の豊かさ、荘厳さ、そして歴史的価値などが残されているのである。

翻って、日本の都市は世界的にも稀な経済主導の下、近代化が進んできた。その成果は認めるが、残念ながら都市の文化的価値の継続性については強い意志の存在が見えてこない。パリの街づくりは、行政、住民、そして商店主の意志が一つになっているところが素晴らしい。そうでなければ、パレ・ロワイヤルのような街の個性が残るはずはない。都市のそうした多様性があって、文化なのであろう。

（2018年9月18日）

アーケードとパリのパサージュ

日本の商店街を象徴する場所として１９５０年代に登場し、一世を風靡したのが、いわゆるアーケード街である。商店街の通路に天蓋を設けて、雨や雪の日でも濡れることなく買い物ができるようにしたものである。いまそのアーケード街の衰退が激しい。人口減少や高齢化に伴って、まさにシャッター通りと化している。場所によっては、かつての天蓋は無残な形で剥げ落ちて醜態を露わにしている。

日本のアーケードは、いうまでもなくヨーロッパに倣って取り入れられたものである。パリのパサージュやミラノのガレリアなどがモデルとなったようだ。雨の多い日本の気候に対し、傘を差さずに買い物ができる便利さだけが受けたという。しかしながら、その面影もいまはない。

一方、パリのパサージュは19世紀からの歴史を継承しながらも、いまなおパリの人々にはこよなく愛されている。例えば２０１８年8月、サンジェルマン地区に新しくオープンした「ボーパサージュ」が話題になっている。ここはかつてレコレ修道院と「ルノー」のガレージがあり、建築家フランクリン・アッジとランドスケープはミッシェル・デビーニュによってデザインされた緑あふれた場所である。日本の店舗も入っており、グルメの散歩道ともいわれ、パリのパサージュの新たな展開が期待されている。

さてここで、パリのパサージュと日本のアーケード街との根源的違い、すなわちパリのパサージュが持つ長い歴史的背景について述べておきたい。

以前、本稿でパレ・ロワイヤルに触れた（117ページ「都市と文化の相関」参照）。そこはパサージュの原型だといわれる場所であるが、現在は決して活気ある場所ではない。それでも、パリにふさわしい場所、パリになくてはならない場所として、かつての風景や佇まいを残そうとする行政、商店主、市民らの強い意志によって往時の面影が残されているのだ。

前回に続いて、鹿島茂氏の文章から引用したい（『「パサージュ論」熟読玩味』青土社、1996年）。氏のパリの描写は、日本では並ぶ者がないと愛読者の一人として考えているからだ。氏は「パサージュは、商業空間であることを止めたばかりか、幻想空間ですらなくなり、ほとんど神秘的次元の象徴を獲得する。群衆の中にまじって、パサージュを散策する遊歩者は、文字通りの「異界」へと足を踏み入れることになる」と語る。さらにパサージュは「時間軸においてもまた異次元の世界へ至る隧道」であり「遊歩者にとって、突然、過去へと道を開く時間隧道ともなる」という。すなわち、氏は、パサージュは単なる商業施設のある街路にとどまらず、パリの歴史と文化の表象だと述べているのである。そして、20世紀初頭に活躍した建築史家であり、美術評論家でもあるジークフリード・ギーディオンも、あるパサージュについて、鉄骨でできた襞(ひだ)までもが建設当時のままに残る風情に触れ、かつての鉄骨建築の揺籃期(ようらんき)を生きた庶民の生活の佇まいの魅力を取り上げている。

パサージュは、いわばパリの歴史であり、生きた文化の深さを表している。日本との差異の大きさは、語るまでもない。

（2018年12月19日）

建築の寿命と人生

いまや、人生100年の時代に向かいつつある。戦後すぐの教科書では人生わずか50年といわれていた記憶があるが、いまや2045年には日本の平均寿命が100歳に到達するという予測すらある。食料事情の改善と医学の進歩、そして何よりも平和の時代に生きているという結果であろう。しかしながら、もはや人生100年という時代に入ろうとしている時、人の生活を支える建築の寿命があまりにも短命なのはいかにも矛盾を抱えている。

固定資産の減価償却を目安にすると、省令では住宅について、木造は22年、軽量鉄骨造では19年、鉄骨造では34年、鉄筋コンクリート造は47年とそれぞれ耐用年数が定められている。しかしながら国土交通省の資料によれば、例えば英国の住宅の平均耐用年数は75年であり、同国の平均寿命の81・4歳に近い。一方、日本の平均寿命は84・2歳と世界最長で、100歳を超える人は既に7万人近いが、住宅の寿命は極めて短い。グローバル社会においては、建築の耐用年数を世界共通で設定し、運用していくことは喫緊の課題になり始めている。

もちろん現在でも建築の長寿命化が試行され、運用されてはいる。部材の長寿命化や技術革新、さらにスケルトン・インフィルなどの手法によって段階的に長寿命化は図られているが、税制上の価値評価の観点から見れば、建築が依然短命であることが致命的な問題であることは間違いない。筆者も長期にわたって滞在したことのあるイタリアなどでは、建築に価値を置く「建築本位制」ともいえる評価軸がある。日本はといえば、建築の税制上の評価が極めて低いために地価との格差が大きく、いわば「土地本位制」であり、建築物の価値評価が社会的価値に連動していないのである。本質的価値より、むしろ商品としての経済的価値の大小という評価軸だけが強調されることで、先進国の中でもまれに見るほどスクラップ・アンド・ビルドが繰り返され、都市文化の成熟性が育たないのではなかろうか。

英国のように「一世代一建築」という仕組みをつくらなければ、もはやグローバル社会に通用する社会の発展は考えにくい。ストックの充実した都市づくりを目指すのであれば、住宅は無論のこと、オフィスビルや庁舎などにおいても同様に考えるべきであろう。一つの建築を単に修繕・改築を繰り返して使い続けるだけではなく、設計や施工の段階から100年建築を目指す枠組みづくりに国を挙げて取り組むことは、もはや時代の趨勢(すうせい)である。

日本の都市文化は、長く木造建築の歴史であった。そして、火災による住宅の消失と更新が繰り返されてきたわけだが、そうした社会の意識が現代にも色濃く反映され、フローの都市文化として残されてきたのである。

経済主導の歯車を緩めることは、これからの日本の成熟社会に問われている課題である。長く持たせる商品(部品・材料)を開発することなくして、すべての長寿命化を成し得ることはできない。サステナブル(持続可能な)社会への大きな取り組み課題である。

(2019年1月11日)

都市の未来への提言

中国・深圳市を訪れるたびに思うことがある。

ハイテク都市深圳の都市の景観である。中心部には近代的高層ビルが立ち並ぶが、その周辺部や道路には緑と適度なオープン・スペースが確保され、魅力的な観光都市にもなり始めている。

深圳は1980年代になって、中国の改革路線に合わせ、急速に近代都市へと変貌した都市である。それまでは中国の典型的な漁村であり、集落の一つに過ぎなかったが、鄧小平の肝いりで「深圳経済特区」に指定されて以来、香港にも隣接し、珠江デルタと呼ばれる地域の一角を占める地理的特徴を生かして、今日では、人口1400万人(一説には2000万人)を超える、中国では北京、上海に次ぐ第3の都市に成長している。

その深圳市で特筆すべきは、国際的な批判もあるが、何といっても大手通信機器メーカー・ファーウェイの存在である。その規模の大きさはいうに及ばず、環境にも驚くばかりである。本社の敷地だけでも200万平方メートル、研究所は120万平方メートルと、広大な敷地に点在する建築群は森や人工池に囲まれた自然豊かな環境の中にある。施設内も自由に飲食が可能な豊かな執務、研究空間が確保されている。ハイテク機器を生み出す環境は、まさに自然との共生において成り立っているということであろうか。「優れた研究は良好な環境から生まれる」という同社の理念を体現しているのである。

さらに注目しなければならないのは、同社が進めている交通システム分野への進出である。2018年、同社は深圳市都市交通計画設計研究センター(深圳交通センター)と戦略提携合意書を締結した。スマートシティーとスマートモビリティーの構築においてパートナーシップを組み、交通管理システムの分野で協働していくという。自社の敷地内に企業内交通システム(専用電車)を持つファーウェイと「深圳モデル」と呼ばれるスマートモビリティーを創出した深圳交通センターの協働は興味深い。

さて、日本ではどうであろうか。国土交通省はコンパクトシティー政策の加速化を図っているが、現実には、市街地の拡散制御、住宅開発の現実など、その魅力づくりには容易ならざる面が多く、むしろ災害に対する防災性、安全性を誘導する施策などが優先される傾向が強い。

しかしながら、20年余りで都市づくりを成し遂げた深圳市のように、都市政策においては、都市のスマート化、スマートモビリティーの構築は避けて通れなくなってきている。民間企業との連携も極めて重要な課題である。都市は常に企業とともにあり、連携を図ることがなければ都市の成長はないからである。

もちろん、単に企業を誘致して、雇用を増やし税収を期待するだけでは、都市は育たない。英国のEU(欧州連合)からの離脱問題が、地方経済はもとより、国家の経済をも直撃する現実を見るまでもない。

ファーウェイに限らず、そうした協働のあり方が、日本の自治体には縁がないとする見解は正しくない。コンパクトシティーへ向かう地方都市の課題を深圳市に見て考えてしまう。

(2019年3月4日)

船と建築

2020年の東京オリンピック・パラリンピックにあたって、宿泊施設の不足に備え、利便性(収容力、移動性など)の高い旅客船が注目を集めている。船のホテルとしての利用はこれからのインバウンド(外国人観光客)戦略として、海洋国日本の期待は少なくない。

船と建築の関係はいまに始まったことではない。水上都市や海上都市の姿は古来より存在していた。空間が船の趣(おもむき)を持った建築は今日でもよく見かける。不動の建築に対して、移動する船の魅力は、水へのオマージュであり、夢でもあるのだろう。空を飛ぶ飛行機に対するのと同様、人類の果てしない憧れなのである。

さて、セーヌ川に浮かぶ船「アジール・フロッタン」をご存知だろうか。この船は1929年、建築家ル・コルビュジエの設計により改修されたコンクリート製の難民避難船である。見る影もなく廃船のようになっていたが、近年修復工事が行われ、2018年には内部を見ることが可能になった。しかし、折からのセーヌ川増水により再度浸水、19年になってようやく復活プロジェクトが決まったという。これは、船の所有者とも親交のある建築家・遠藤秀平氏らの精力的な活動によって実現したものであるが、船が一つの建築的空間として機能した事実として、稀有な歴史的意味がある。コルビュジエが船を設計したのはこれ以外にはないが、有名な集合住宅「ユニテ・ダビタシオン」は都市機能を内包した大型客船のイメージから想を得ていることもうかがえて興味深い。コルビュジエが水に対する強い関心を終生持ち続けたことは彼の足跡にも垣間見える。レマン湖のほとりに両親のために設計した「小さな家」にも水への思いが込められている。

船が建築家だけでなく、多くの人々にとっていかに魅力的な存在であったかは、現在のクルーズ船への関心の高さにも表れている。非日常を体験できる魅力的な空間とともに、ゆったりとした移動する船旅の魅力が再認識され始めたのであろう。成熟社会に応える形での船旅の再来である。その原点は1935年に大西洋航路に就航した巨大客船「ノルマンディ号」であろう。アールデコ様式の内装デザインで、当時の人気を独り占めにしたという。上流階級の人たちの憧れの船旅を象徴していたのである。

そうした憧れが現在の時代に降臨した形で、誰にでも比較的安価に船の魅力に触れることができることが、より関心を高めているのだろう。

また、船の内装（広く艤装（ぎそう）＝riggingという）は、コンパクトさゆえに求められる合理性に加え、耐水性や塩害など、厳しい環境に対する取り組みなど、地上の建築にはない魅力がある。そうしたテイストが船旅の魅力を一層搔（か）き立てるのであろう。建築家もそうした船の内装に魅力を見いだしつつある。とりわけ、金物などは格別である。

400年前のナイル川に浮かぶパピルスの筏（いかだ）からセーヌのコンクリート船、そして今日のクルーズ船を想起しながら、歴史をいまにつなぐ果てしない夢を運ぶ船旅が、いま地上の建築に投影され始めていることを思う。面白い。

（2019年7月4日）

医療施設が都市を変える

日本の都市構造が大きく変わっている。成熟社会を迎え、モノの豊かさからサービスを共有する時代へと変わり始めているからである。

既に、これからの社会の構造を理解するキーワードは三つの概念によることを指摘してきた。それは「健康、教育(研究)、エンターテインメント(楽しく生きる)」である(262ページ「時代を読み取る──レイヤー的思考」参照)。都市にはそれぞれの個性があるから、三つのキーワードの山がどこに来るのかはそれぞれであるが、とりわけ健康については、高齢化を抱えた日本の現代社会には多くの問題が残されているため、これから非常に重要な概念となるだろう。医学の進歩がいわれてはいるが、未解決の病は絶えることはない。病に倒れることは、戦争で死ぬことと並んで人生の損失の最たるものである。高齢化社会の中にあっても、生き抜いて人生を謳歌(おうか)することの重要性は変わることはないだろう。そのために、生命医学の分野の研究・臨床などが、世界に門戸を開き、多くの英知を集結しながら総合的に行われる環境整備がまさに求められているのである。

さて、関西圏では、1994年にまちびらきをした京都、大阪、奈良の3府県にまたがる関西文化学術研究都市（けいはんな学研都市）に、現在140を超える企業や研究機関が進出し、さまざまなビジネス環境が芽生え始めている。特に、最近では異業種・異分野の企業や研究者が独自の技術やアイデアを組み合わせることで、これまでにない革新的なビジネスを生み出すオープンイノベーションも進んでおり、海外の企業との共同開発などで成果が出ている。

そうした中で、2019年7月1日に大阪府吹田市に移転した「国立循環器病研究センター」はまさに時宜を得た、これからの都市のコアとして誕生した期待の星である。

この施設は、関西地域から日本全国、さらには世界をリードするナショナルセンターである。心臓病や脳卒中、血管疾患など循環器病の克服を目指し、病院機能はもとより、研究所、研究開発基盤センターといった三つの機能から構成され、医療環境の新しい力が発揮される仕組みがつくられている。とりわけ、同年4月に開設されたオープンイノベーションセンターは、民間企業や大学との連携を強化し、産学協働の開発研究を、研究内容はもとより、財政的にも促進させる狙いがある。地元の吹田市と摂津市が進める健康・医療の街づくり「北大阪健康医療都市」構想の中核施設となる、こうした最先端の大型医療施設の誕生が、これからの都市のあり方に与えるインパクトは極めて大きいだろう。

世界に広がるリソースを活用し、研究人材の流動性を高めていくことがこの施設に求められている役割でもある。そのために、オープンイノベーションセンターでは、教育推進・トレーニングセンターを設置し、研究者、医師、看護師、技術者などの研修場所としても開かれた環境で研鑽（けんさん）できる環境が用意されているという。

これからの都市のあり方をも見据えた新しい「国立循環器病研究センター」に大いに期待したい。

（2019年7月30日）

関東大震災と伊東忠太

9月1日は「防災の日」である。

1923年のその日に起こった関東大震災の悲劇は、地震国・日本に暮らす者として記憶にとどめるべき出来事であろう。さらに東京では、45年の東京大空襲による犠牲者も数多い。

これらの二つの事件の犠牲者の遺骨、16万3000体を安置しているのが、東京・墨田区の横網町公園にある「東京都慰霊堂」である。当初は震災の犠牲者を祀るための「震災記念堂」として建立されたが、戦後は東京大空襲の犠牲者も合わせて祀るようになり、現在の名称に改められた。

設計者は、かの有名な伊東忠太（1867－1954年）である。建築を学んだことのある人ならご存知だろう。動物や妖怪、お化けの装飾など、西洋建築とは異質な世界を日本建築と融合させた稀有な建築家である。東京帝国大学教授も務め、教育者としても活躍した。その伊東は若いころユーラシア大陸を踏破し、インドの仏寺などの装飾には特段の関心を抱いていたという。

震災後の30年に完成した「震災記念堂」の後、伊東は「湯島聖堂」「築地本願寺」などの設計を手掛けたが、とりわけ34年の「築地本願寺」については、法主である大谷光瑞との親交を得て、彼の本領が随所に発揮された渾身の作品といってもよい。古代インド風の鉄筋コンクリート造である。見る人には伊東忠太を理解する格好の材料であろう。

さて、「震災記念堂」は、当初は設計コンペによって競われた。当選した前田健二郎案は西洋建築を思わせる尖塔を持つ、記念性を表現したものであったが、帝冠様式のような「日本風」建築が期待されていたこともあってか、結局、コンペの審査委員を務めていた伊東自らが設計するに至った。伊東は当選案に対し、西欧の教会を思わせるプランを採用しながらも、外観は、正面の照りむくりの唐破風（からはふ）で仏教的雰囲気を持つデザインとして、彼らしい動物像が随所に見られる、和洋折衷の建築を生み出したのである。伊東自らの葛藤を含めて、その空間の背景には、単に建築家の意志や思考だけがあるわけではないことがよくわかる。時代が求める何かに応えようとする意志がなければ、出現することはなかった表現だからである。

なぜこのような建築が存在するのか、伊東忠太という個性的建築家と当時の時代背景を理解しなければ、なかなか理解が及ばないかもしれない。建築とは、常に社会と寄り添う存在である。その表現については、建築家の持つ哲学・感性によるところも少なくないが、もちろん、それだけが建築を生み出すこともないはずだ。

しかし、伊東忠太の建築には強い説得力を感じる。建築の世界と現実社会を、時代という背景に通底している文脈によって結び付ける資質が備わっているからであろう。改めて、関東大震災の悲劇を記憶としていまにとどめ、歴史のプロセスを読み解くことによって「東京都慰霊堂」の存在する意義をさらに深くすることにもつながる。それが建築の持つ底知れぬ魅力でもあるのだろう。

（2019年9月2日）

パッケージ・デザインとファサード

建築を「人間の一つの活動の場を包む装置」であるとするならば、建築とは空間を包むパッケージである。外界との境界にあるのが外皮だが、その外皮を含めた中身の総体がパッケージを表すことになる。

しかし、建築が単に表層だけのパッケージからできているわけではないことはいうまでもない。内部空間の構造化と外皮は一体的なものだからである。人間の活動の場は多岐にわたるが、そうした多岐性を構造化し、空間化することは、当然外皮にも影響することになる。外部空間に面する外皮とは、すなわちファサード(正面あるいは都市に向けた顔)であり、エレベーション(立面)を指している。建築は内部の活動を規定しながら、都市に開いて存在を示している。その存在性を表すために、ファサードの持つ意義は小さくない。一つの、あるいは一群のファサードが都市に表情を与え、都市の魅力を生み出すことになるからである。

西欧の都市では、ファサードが特に強調され、お面のようにその表情そのものが内部空間の性格・個性を表出させるというものが多い。建築は常に外部空間、すなわち都市の顔を意識して存在するからである。現代建築においても、ファサードの意味が外部や都市の表情につながっていることは変わることはない。それゆえに、建築のデザインをパッケージ・デザインのように捉えることも可能だが、それは表層だけのデザインではない。外皮のデザインが内部空間の構造を支え、内部空間を豊かにするという方法によっている場合が少なくない。単にファサードのみが自立して成り立っているわけではないからである。

しかしながら、最近の都市の表情を眺めていて気になることは、とりわけ高層のオフィスビルについて、その外皮、すなわちファサードの表現が、個性化を試みているようでありながら、単にファサードのためのファサードになっている場合が少なくないことだ。外装という表層性に特化したような、パッチワーク(つぎはぎ)・デザインともいえる表情の面白さの追求に終始している感が否めないからである。それだけ、外装部のデザインが都市に存在する建築にとって重要であることはいうまでもないことだが、それが単に面白さだけのパッチワークになってはならないだろう。建築が大型化すると、それぞれの部位で相互に連携を取ることが希薄になることが少なくない。そうなれば、勢い外装デザインだけが自立してしまうという違和感が残ることになる。

建築をあまり論理的に詰めるべきでないかもしれないが、それでも、巨大建築、超高層建築などでファサードの面白さばかりを強調した、あたかもパッチワークされたデザインの外装は、巨大であるだけに違和感が強くなる。都市の秩序を無視した暴れたデザインは、都市の雰囲気を乱し、異質感を増すだけである。

現代という成熟社会を迎えて、個性的でありながらも好ましい秩序を持つ都市や街並みのあり方を期待するならば、ファサード・デザインのあり方については、多くの議論が必要になるだろう。

（2019年9月25日）

表現の自由と建築

国際芸術祭「あいちトリエンナーレ2019」の企画展「表現の不自由展・その後」が中止になった事態には注目していた。中止になった後、文部科学省は「会場の運営を危うくする事態が予測できたのに申請しなかった手続き上の不備」があったとして国からの補助金の全額を交付しないことを発表、異例の事態に発展したことは各界に波紋を投げかけることになった。

事の発端は、2019年8月の展覧会開幕直後から、慰安婦の少女像、昭和天皇の写真が燃える映像作品などに対して、抗議や批判が殺到したからである。その後、脅迫などもあって展覧会は開幕3日目で中止となっていた。

そして、紆余曲折はあったものの、展示は10月8日から再開されたが、ここで改めて、芸術における表現の自由の問題がクローズアップされたといえる。芸術における表現の自由の問題は、歴史的にも常に問われてきた。国家の価値観がどこまで芸術表現を制限することができるのかは政治体制と結び付く問題ではあるが、日本においては、憲法21条によって表現の自由と知る権利が保障されている。もちろん、芸術とは何かという定義の問題と、そうした表現が時の社会通念上著しく公序良俗を乱すことの問題は次元の異なる話である。公的空間において、不特定多数の人が不快な思いをすることはできる限り避けられるべきことはいうまでもないだろう。

しかしながら、今回のように限られた展示場という場所で芸術性を主題として社会に向けて発信するのならば、まさに表現の自由が尊重されなければならない問題である。特定の人が不快に思うという批判があることは、撤回の根拠にはなるまい。もちろん、芸術表現に対する批判や非難も表現の自由である。しかしながら、国家権力が芸術の社会的問題提起を脅かす行為は国家による文化統制ではないか。行政が芸術性について恣意的な判断をしてはならないはずだ。

一方、建築の場合はどうであろうか。建築は個人の所有であっても、公共性を常に備えている。そのため、建築には、科学的根拠や社会情勢に基づいた法的規制をかけることによって、表現の自由が制限されている側面がある。それでも、例えばピンクや赤い外装が公共性にふさわしくないとして、訴訟問題に発展したケースもある。

このように、建築において危惧されるのは、景観や都市的秩序を脅かすような建築の暴力的デザインの問題ではないだろうか。確かに建築には科学的根拠と芸術性という二つの側面がある。科学的根拠により制限が強くかかるだけに、芸術的側面が特筆されることは少ないが、時には、建築家の思考や考えによって極めて個人的な感性が表出して、ともすれば暴力的な表現の建築が出現してしまう場合がある。そうした建築への歯止めはどうなるか。表現の自由を担保しつつも、建築の芸術的価値についての議論が必要であろう。あいちトリエンナーレの問題は、公共性の高い建築界においてこそ、より大きな問題として内在化されているのではないだろうか。

（2019年10月10日）

ラギオールという場所

秋になると食欲の話になる。食欲こそが人間の行動のすべての原点であるからだ。十分なエネルギーが備わってこそ、世界は開かれるからである。

十数年前、フランス料理の著名なシェフとともにフランス縦断の旅をしたことがある。フランス南部の中央高原に位置するオクシタニ地方のオーブラックからラギオールに至る旅だった。この一帯は、昔は貧しい地域で、その住人の大半はパリへの出稼ぎで生計を立てていたという。また、この地域は高原の裾野を形成する牧草地で、牛や羊などの牧畜が盛んな地域である。

私たちの目的は、ラギオールにあるミシュランの三ツ星を得た名高いオーベルジュ「ミシェル・ブラス」での食事である。開かれた高原の台地にふさわしい佇まいを持った美しいレストランでの食事と建築を巡る旅となった。美食とともに、夕暮れ時に沈みゆく美しい太陽の印象がいまでも鮮明に脳裏に焼き付いている。

「ミシェル・ブラス」については、ラギオールのナイフやカトラリーを語らずしてこれを語ることはあり得ない。この地域では、19世紀初頭ごろから家内工業としての鍛冶職が細々と刃物や食器類を生産し始めたという。それが今日、世界に名前がとどろくラギオールのナイフの始まりである。例えばソムリエナイフといえばラギオールといわれるほどである。ナイフには虫のマークが付くことになっていて、この、ハエともミツバチともいわれるマークを見れば、ラギオールであることの証明であるという。日本の高級フランス料理店でも、このラギオールのナイフやフォーク、スプーンが使用されている。「ミシェル・ブラス」の料理は、オーブラック地方の郷土料理を原点としており、大都市のフランス料理とは異なり、素朴な地方色を生かした極めて独創的な料理として世界の注目を集めたのである。その代表的な料理には「ガルグイユ」がある。じゃがいもと生ハムなどを煮込んだオーブラック地方のまさに郷土料理であるが、シンプルな表現の中に独創性が輝いている。

もちろん「ミシェル・ブラス」の存在は、料理の独創性だけにとどまらない。それを取り巻く環境のすべてがあって成り立っているのである。

料理とは、建築や場所の風景、そして食器などのすべてである。その逆もまた真なりで、建築も同様に独創性のある空間は、その空間で営まれる食事など、すべての要素が一つになって評価される。料理の味わいや楽しみは建築空間やそれを取り巻く環境、風景、そして身近に置かれる食器類によって、生み出されるということだ。

たかがナイフやフォークではあるが、その存在がいかに料理と不可分であるのか。美しくおいしい料理には、それにふさわしい建築空間が必要だといってしまえば、「風が吹けば桶屋が儲かる」ということわざのようだが、空間のありようと料理の真髄を味わうことはそうした巡り巡った関係のように思う。ラギオール・ナイフが物語るように、ナイフ

だけでもさまざまなイメージを広げることができる。食の楽しさとはそういうことなので
ある。

（2019年11月25日）

パリのブラッスリー

先日、本稿で「ラギオール」での話を取り上げた（139ページ「ラギオールという場所」参照）。そこで、フランス南部の中央高原近くに住む人々が、パリへ出稼ぎ労働者として働きに出たという話に触れた。その地域をオーベルニュといい、その出身者を「オーベルニュ人」という。そのオーベルニュ人の多くが働く場所こそが、フランスの居酒屋ともいうべき「ブラッスリー」である。高級なレストランとは異なる庶民派食堂である。

このブラッスリーで、いま最盛期を迎えている食材が「生ガキ」である。この生ガキを食べることができる場所こそブラッスリーなのである。生ガキがパリに出始めたのが19世紀末から20世紀初頭にかけての時期だといわれているが、カキを剥く（む）のは、エカイエと呼ばれる職人である。エカイエは、伝統的にスイスとの国境に近いサヴォワ地方の出身者が多いのだそうだ。海のない山岳地帯だが、冬に旨くなるカキを剥くのには、寒さに強い彼

らが最適なのだという。今日のブラッスリーは、このエカイエが剥くカキが加わってこそなのである。

ブラッスリーの発祥はドイツ国境近くのアルザス地方といわれているが、パリに進出して現在の大衆食堂になった。筆者の知る代表的なブラッスリーとしては「ミュニッシュ」あるいは「モラール」「ドゥー・マゴ」などが有名である。パリへ出かけることがあれば、一度覗(のぞ)いてみてはどうだろうか。

いま、私の手元にこのブラッスリーを表した「パリのブラッスリー大戦争地図」がある。その中にはパリの代表的なブラッスリーが14ほど掲載されている。興味が尽きないのは、ブラッスリーの建築、特にその内装である。多くは19世紀末から20世紀初頭にかけてヨーロッパ、とりわけパリで流行したアールヌーボー様式によるものである。それは花や植物など曲線を多用した極めて装飾的なデザインにより、産業革命以降の都市化や社会の工業化を批判した美術運動であった。表現の退廃性に批判が起こり一気に衰退した経緯はあったが、いまその表現に再び関心が集まりつつある。

冒頭で労働者とブラッスリーの関係に触れたのは、パリの20世紀初頭の社会的な流れが、パリという都市をつくり出し、そしてブラッスリーという大衆食堂を生み出し、同時に20世紀初頭の美術的流行－アールヌーボー表現を持った建築へと連動していることの意味を改めて考えてみたいと思ったからである。

いまでは、パリといえば、ブラッスリー、そしてカフェであろう。それらを体験するだけで19世紀の文豪バルザックの風物描写を持ち出すまでもなく、パリを知ることができる。美術館や宮殿にはないパリの魅力に触れることができる。しかも人々の営みや郷土という歴史とのつながり、さらには都市の生い立ち、建築との融合・出合いなど、パリの奥深さまで知ることができるのである。

そのように、都市とはさまざまな要素が混ざり合い、歴史の継続性の内にあることを、例えばブラッスリー一つとってみても読み取ることができるのである。パリの奥深さよ。

(2020年1月16日)

発注者支援という問題

建築分野の公共事業についてはさまざまな問題が指摘されているが、発注方式の多様化に伴って、ますます問題が拡散し始めている。言い換えれば、明確な責任の不在である。設計や施工における共同企業体のあり方、PFI(プライベート・ファイナンス・イニシアティブ）やＤＢ（設計施工一括）など設計者と施工者の協働、あるいはＰＭ（プロジェクト・マネジメント）やＣＭ（コンストラクション・マネジメント）などにおける設計者の役割など複雑な問題があるが、最大の課題は、発注者の意志の存在ではないか。建築は社会的使命を担っている。とりわけ公共事業においては、公的役割という難題を孕む。地域社会の活動を促すばかりでなく、未来を志向しながら、社会の誘導に責任を持つことにさえなるからである。単に当面の利用という「便利さの充足」に応えるだけのものではない。

どのような建築をつくるのかは、まず何よりも発注者の意志に基づく。そこからさまざまな発注方式の選択が行われるのであるが、そのありようが問題なのである。経済的要因が極めて大きな制約ではあるが、それ以前に、何を、どこに向けてつくるかの意志が不明瞭な形でスタートする場合がしばしばある。発注者の意志の存在が明らかでないのに、ほかの思惑から専門家の意見に依拠して事が決まってしまうようでは、まったくもって、建築をつくる発注者の見識を疑問視せざるを得なくなる。もちろん、発注者が多くの専門家から意見を聞き取ることは重要なことであり、不可欠なことでもあるが、発注者の意志まで外部委託するとどうなるのか。いわば哲学やビジョンの構築まで外部に委託するようなものであろう。ここに至っては、発注者支援とは何かを再考する必要があるのではないか。

さらなる問題は、設計者の協働化である。自立した個性ある建築家であるべき設計者が協働するとはどういうことなのか。さらには、ゼネコン設計部との協働となれば、建築家同士の協働の問題のみならず、工事上の利益誘導という問題も発生しかねない。ここで「建築作品とは」と作品論をぶつことはしないが、建築のデザインに対する責任の所在については触れておくべきだろう。そこに関わった多くの建築家がそれぞれ応分に負担すべきなのか、問題が曖昧なままに結論だけが自動的に誘導されかねない。こうした事態も発注者の意志、そして見識から発生することになるのである。それを発注者が割り振ることができるのか。あるいは、設計者同士で役割分担を決めることが可能なのか。それがまったく不可能だとは思わないが、極めて難しい問題であるのも確かである。建築のデザインに対し、発注者は何を期待しているのか。その根底には発注者の意志が強く関わってくる。この問題は根深いもので、そもそも建築家とは何者なのかを問う問題ともいえる。

このように、発注者の意志の存在意義は極めて大きい。ＰＭやＣＭ、あるいはさまざまな協働による方法は、発注者支援の名のもとに、そうした大切な意義の部分を曖昧にしてしまっているように思えてならないが、それは考え過ぎなのであろうか。

（２０２０年２月４日）

建築が評価されていない——形態を持たない建築

海外で仕事をしていると、あまりにも日本の現状との差異を感じてしまう。その最大の理由は、建築としての空間の魅力や形態の主張、独自性のある形についての認識の違いである。建築は都市や社会に新たな可能性を与え、その形(空間)によって都市文化を形成するという役割を果たしていることに対する認識の違いであろうか。

つまり、建築とは何か、という捉え方の違いである。それには建築史の教科書を見ればよいだろう。例えば、ローマ時代のパンテオン、ルネッサンス期のサンタ・マリア・デル・フィオーレ教会、バロック期のサン・ピエトロ寺院、そして近代のル・コルビュジエやフランク・ロイド・ライトなど枚挙にいとまがないが、内部空間のスケール感とその美しさに驚きと感嘆をもってその建築の偉大さを認識する。そして、その外観は個性豊かな形態により、都市の中で圧倒的な存在感を示している。

すなわち、建築の持つ本質は、内部空間の魅力と外観の独自性なのである。その両者の特徴が際立っていることが優れた建築にとっての必要条件である。例えば、建築史的に見て、過去のそれぞれの時代にはそれぞれの「建築様式」があることがその証である。建築様式とは、形態の特徴を鮮明にすることなのである。そして、その様式の中で、いかにして独創的な形態を追求するかが問題であり、都市における建築の持つ役割ともいえるのである。

平面的な思考と空間認識の欠如

日本でも、明治・大正期ごろまでの建築にはそうした特徴が反映されていたのだが、戦後の間取りを重視した公団住宅の登場以降、建築からは空間性という概念が失われてしまったように思われる。均一で合理的な間取りばかりが重要視され、それがその後の日本人の建築に対する概念のベースをつくり上げてしまったのではないだろうか。

無論、戦後の混乱期に社会の要請に応えることが建築の優先課題になったのは当然ではあるが、不幸にして、それが建築の主体であるという考えが普遍化してしまったのである。そもそも、日本の建築は常に平面的つながりを基本とした間取り的発想から想を得ており、縦に重ねる立体的な概念は育たなかったともいえる。塔のような例外もあるが、それ自体も、あくまでも平面を積み重ねたものでしかない。

そうしたことを考えるにつれ、若いころイタリアで知り合ったフィレンツェの建築家、ジョバンニ・ミケルッチ氏が「建築は断面だ」と主張していたことを思い出す。断面とは、すなわち、平面では表すことのできない建築の形態と空間のありようを表すものだ。「建築の形」に対する捉え方について、イタリアと日本との相違を感じたことがいまでも鮮明に記憶に残っている。

建築とは形の魅力、形態が都市に力

いま日本の建築界は、そうした「建築の形」を忘れて、社会的行動を主題としたアクティビティーを表現することに関心があるように感じる。しかし、それだけなら社会心理学や行動科学の話であり、建築のコンセプトには一定の示唆を与えることはあるが、形態に直接結び付く話ではない。端的にいえば建築とは形の魅力であり、その形態が都市に力を与える存在なのである。外形を表すことに興味がない、強い形を持たない建築は、単なる人間の行動パターンや活動領域を表す箱のようなものなのである。そして、その箱をパズルのようにして、さまざまな組み合わせを試みているに過ぎない。無論、近代建築を受容する際に生じた、シンプルであることがすべてであるという誤解がいまだ金科玉条のごとく扱われていることも原因の一つではあろう。

無論、常に言い続けてきたとおり建築とは社会の属性であり、建築の形態と空間は、その中で発生するであろう人間の社会的行動に規定されることもまた事実である。しかしながら、ここで強く述べておかねばならないのは、単にそうした規定を満たすだけ、つまり人間の社会的行動の「必要」を満たすだけでは、建築の本質に触れることはできないということである。

なぜなら、人間の社会的行動の多くは日常的な利便性という価値・行動に依存しているからだ。そして、利便性とは自らが体験から導き出した慣習を前提としているからだ。

最近の建築プロポーザルやコンペの審査でも、利便性について指摘があるばかりで、建築の空間としての魅力や形態のありよう、独自表現など、いわゆる建築の醍醐味に関わる部分に対しての関心が示されることはほとんどない。いかに優れた「建築」の提案であっても、評価をすることができないのが、悲しいかな現在の審査の現実だといえる。そして実際の建築も、そうした審査の現実を反映して、「建築」とは呼べない建築が出来上がってしまうのだ。

利便性超えた欲望が豊かさをもたらす

ここで、文化人類学者のアンドレ・ルロワ＝グーランの指摘を挙げておきたい。ルロワ＝グーランはガストン・バシュラールの『火の精神分析』（せりか書房、1969年）の中の一文「人間は欲望を創造するものであっても、必要を創造するものでは断じてない」に深く同意しながら「欲望が働かない限り我々は著しく人間的なことを何一つおこなわない」と述べている(『世界の根源―先史絵画・神話・記号』筑摩書房、2019年)。利便性とは日常の行動を規定する「限定的な必要」である以上、それは「著しく人間的なこと」の原因にはならない。言い換えれば、社会的行動を建築にそのまま投影するだけでは、利便性を合理的に満たす箱がつくられるに過ぎないということなのである。

すなわち、利便性を超えた「欲望」があって初めて、建築に豊かさをもたらす形態的回答が生まれてくるということなのである。それこそが、近付きがたい建築の本質へと迫るための必須条件なのである。

(2020年3月11日)

都市の先見性と長期的変容を学ぶ

いま、日本の進路が大きな変曲点を迎えつつあることは多くの人が感じ始めている事柄であろう。政治経済は無論のこと、人口減少に伴う都市の構造的ありようについては無策といっても過言ではないほどだ。地方都市の衰退、タワーマンションの乱立、都市部の空き家の増加と対策の遅れ、そして何よりも指摘しておきたいのは、都市部の道路環境整備の遅れである。例えば狭あいな道路に通学路が設定されていて、歩行者と自動車が混在するという危険な状況はいまだ解消の見通しすら立たない。

一方、2027年の開通が予定されている品川発のリニア新幹線、鉄道各社の相互乗り入れによる都市間交通の利便性向上など、大動脈インフラには注目が集まり、東京という大都市圏をマクロに見た場合の新たな開発が勢いを増しているが、既に述べたように、都市内部の環境インフラというミクロな観点から見た整備はほぼ手付かずの状態である。

都市全体を構想するビジョンの設定とそれを実行する「長期的で骨太な行動指針」が持てない状況に最大の問題があるのだろう。都市は常に社会の変化にリンクして変容する。日本の都市も、人口増加に伴って発展してきた歴史を持つが、その発展の仕方は主として郊外へのスプロール現象であった。現在、そうした都市構造では、人口減少などに伴いシュリンクしつつある現実に対して十分に対応できない状態になってきている。一方では経済的な安定も求められるなど相反する課題に応えなければならない状況があり、日本の都市政策の不透明さが問われだしているといえよう。

コペンハーゲンの都市政策に注目

そうした意味で、北欧の小国デンマークの首都・コペンハーゲンの都市政策に注目したい。ご存知の向きもあろうが、改めて、その骨太で持続的なプロセスの先見性に学び、継続することの重要性を参考にしたい。

デンマークは九州ほどの広さ、4万3098平方キロメートルの面積を持つ人口580万人、400以上の島々から成り立つ立憲君主制国家である。何よりも幸福度世界一を誇る国であり、原発を導入せず、風力などの再生可能エネルギーを積極的に取り入れる政策などで世界の注目を集めている。

コペンハーゲンは、島の一つであるシェラン島に位置する人口60万人ほどの都市であり、首都圏では160万人ほどの人口を擁する。この大都市圏における都市政策として、1947年に策定されたのが「フィンガープラン」である。コペンハーゲンを掌（てのひら）に見立てて、そこから5本の指（フィンガー）状に鉄道が郊外に延びる形で、既存の地方都市の発展の可能性を担保しつつ、急激な人口増加をコントロールしようとする計画である。各フィンガー間は緑地として開発を抑制し、森や湖水の確保を図っており、今日でも「フィンガープラン2007」として継続されている。現在、渋滞問題などに対処するため、フィンガー部の駅周辺では半径600メートル圏内にオフィスビルや商業施設など大型施設を集約し、多様で充実した交通ネットワーク・システムを軸に、コンパクトな都市構造を形成している。

コペンハーゲン市内を歩いていると、自転車専用走行レーンの充実ぶりには目を見張るものがある。自動車の規制や駐輪場の整備などの施策により、市民の移動手段のうち約30パーセントが自転車利用であるといわれている。

時代の変化に合わせて修正

ここで特に注目したいのは、日常的な利用者の視点に立った政策の実効性である。自転車の日常的利用はもとより、障害者やベビーカーといった交通弱者への配慮など、方策も枚挙にいとまがないが、重要なのはこの計画の先見性だけではなく、「計画の長期的継続性」である。47年の策定以来、このフィンガープランは70年を迎えようとしている。その間、都市のそれぞれの地域は発展や成長、さらには衰退を経験してきたが、理念は継承され、時代の変化や技術の進歩に合わせて修正が加えられてきた。

例えば、各自治体にまたがる鉄道路線の見直し、地下鉄の整備やLRT（次世代型路面電車システム）とバス路線の相互連携などである。日本の大都市とは異なる状況や背景があるとしても、こうした整備が交通インフラの充実と職住近接の環境実現にも大きく貢献するであろう点には注目しなければならないだろう。

日本の都市整備は、どちらかというと産業構造との関係に重点を置き過ぎているように思われる。コンパクトシティー、さらにはスマートシティーを目指すのであれば、コペンハーゲンの取り組みが示唆するように「長期的実効性を持つ先見的なプログラム」をしっかり策定することが必要ではないだろうか。

日本でも、人口減少に伴って都市問題は大きなテーマとなり、富山市や青森市でもコンパクトシティーを志向する施策が進められてきた。その実効性についてはさまざまな意見があり、疑問を呈する向きもあるが、2014年に設けられた「立地適正化計画」はそうした計画を後押ししようとしている。いまだ6年にも満たない期間でコンパクトシティーへの評価が可能なのか。改めて、デンマークの都市政策の先見性と、長期にわたる継続性を踏まえた議論を深める必要があるように思う。

都市とは一朝一夕で出来上がるものではない。デンマークが幸福度ランキングで世界1位の意味を考えることも日本の課題ではないだろうか。

（2020年4月8日）

木による繊細な感性

極論すれば、建築は、二つの構成要素から成り立っている。一つは、建築を力学的に成り立たせている構造システムであり、もう一方は表面の美しさや空間を支配する仕上げ材である。

その仕上げ材、とりわけ近年とみに話題にもなり、多くの関心が寄せられている「木材」について述べてみたい。

木という素材は、恐らくは人類発祥の時点から、道具や燃料などさまざまに使われてきただろう。やがて「舎」として人や家畜を守るための囲いや、さらには住まいとして利用されてきた。

その後、木ばかりではなく、人類は文明の進歩とともにさまざまな素材の発見・開発を重ねてきた。そうした技術革新の結果は枚挙にいとまがないが、建築の分野でいえば、近代建築の三大要素である鉄、ガラス、コンクリートはいまなお現代の建築の多くを支えている。

もちろん、技術革新は常によい結果をもたらしたわけではない。例えば、近年のさまざまな環境問題は技術革新の結果である。それらの反省ということもあってか、自然素材である木に注目が集まっているのであるが、とりわけ日本は国土の7割を森林が占める世界有数の森林国であり、木に親しんできた長い歴史があるからなおさらであろう。

さて、建築への木材利用が改めて注目されているという点については大いに賛成するところであるが、ここで強調しておきたいのは、構造材としてよりも、仕上げ材として木の使用を積極化していくことが、より木という素材に対する愛着を増し、関心を深めることになるのではないかという点である。無論、構造材にも構造美というものはあり得るが、木のよさは仕上げにこそ表れるものだからだ。

木造建築に対する西欧の志向は主に構造材としての感覚であるが、日本人の木に対する感覚は、極めて繊細なものである。職人技を駆使して工芸的な表現を得意としてきた。木彫などを見れば、その技は顕著である。建築では、細やかな欄間の木彫や磨き上げた大黒柱の肌触り、板目や木目の美しさを表した天井、あるいは表面を黒く炭化させて、意匠性と耐久性を持たせた外装材、さらには椀や箸などの道具に至るまで、木の利用・表現の多彩さは日本独自の文化であろう。

何よりも木の美しさは、肌触りにあることはいうまでもないが、味わい深く変化して「時の移りゆく姿」という繊細な感覚を映し込むことができる素材は、木以外には見当たらないと思う。

大陸や西洋からの素材ではなく、日本人が親しんできた素材である木によって、日本人の繊細な感性は育てられたのである。言い換えれば、日本人の感性も木を失えば消えていくことになるだろう。

いまや建築界のみならず、産業界全体でも木への関心は拡大しつつあるが、身近に木の存在を引き寄せ、愛着を持ち続けることが大切なのである。もちろん、鉄やコンクリートなどにも素材感はあるし、木を使っても「後は野となれ山となれ」の精神でいたのでは繊細な素材感は生まれない。美しく、繊細で、肌触りのよい空間を愛でる感性こそ、大切にしたい。

（2020年4月13日）

ノートルダム大聖堂の再建案をめぐって

2019年4月15日、パリのノートルダム大聖堂が火災により、尖塔や大屋根が焼失した。そして、その再建をめぐって、さまざまな議論が渦巻いてきた。修復の主任建築家フィリップ・ビルヌーブ氏は焼失前の姿への復元を唱えているが、5年以内の再建を進めるとのマクロン仏大統領の意を受けたフィリップ仏首相は、復元ではなく新たな提案を求めるべきだとして国際コンペの開催を表明していた。実際に、火災の直後から多くの建築家によるさまざまな提案が発表されてきた。例えば、米国の出版社「GoArchitect」は19年8月に国際コンペを開催し、1等に選ばれた中国人建築家の案は、その表現の現代的斬新さと素材感で注目を集めた。しかし、こうした動きに対し、パリ市民からは賛否両論の議論が巻き起こり、混迷の様相を呈している。

さらに、新型コロナウイルスの問題により、数カ月前に始まっていた修復作業はもちろん、実際の国際コンペも進んでおらず、現在もまったく展望は見えていない状態にあるという。

さて、このような歴史的建造物の修復は常に論議の的であった。原型に忠実な保存・修復を選ぶのか、あるいは時代の変化に合わせて改修を行うか、そうした意見は常に平行線をたどってきた。

ノートルダム大聖堂がカトリック教会として完成したのは1345年、200年を要しての完成である。その後、18世紀のフランス革命時に大きく破壊された。19世紀の大改修の際、今回焼失した尖塔などが建造され、尖塔を持つ大聖堂の姿が定着してきたのである。1911年の映画『ノートルダムの秘密』のポスターにも、尖塔のある大聖堂の姿が描かれている。

いままさにその尖塔のありようについて、賛否両論が渦巻いているのである。ある意味では当然の議論であろう。建築とは時代や社会のありようを強く反映するものだからである。都市は多くの建築群によって形成され、都市の歴史はさまざまな建築の歴史から読み取ることができる。ヨーロッパの歴史的建築は、創建当時のままの姿を保っているものは少ない。それぞれの時代の痕跡を積み重ねて、現在の姿になっているのである。つまり、それぞれの時代に生きてきたということなのである。

翻って、日本の場合はどうであろうか。沖縄の首里城も2019年に焼失し、再建が始まっているが、そのありようについては、ノートルダム大聖堂のような国論を二分するような議論はまったく起こらない。14世紀に成立したといわれる首里城は、今回の焼失までに4度の焼失を経験している。焼失前の姿は、18世紀の3度目の焼失から1945年の焼失まで、200年ほどかけて出来上がったものを元にしたといわれている。その際、どのような議論があったのかはわからないが、今回の焼失にあたっても、原型の復元に対する反論は聞いたことがない。木材の調達などの難しさはあっても、すべて元どおりという原則を貫く姿勢は日本独自の感覚なのであろうか。

両国の文化や歴史観の違いによる建築のありようの差異を見るような思いである。

（2020年4月28日）

リアルという現実

絵画の世界にはリアリズム（写実主義）という分野がある。対象を写真で撮ったかのように忠実に描く手法である。いまそのリアリズムに対する関心が高まっている。その糸口が、現代という存在の不安定な、よりどころを喪失した社会に生きることへの身体的回帰にあるといわれている。

リアリズムという概念自体は17世紀に設立されたフランスの高等美術学校「エコール・デ・ボザール」が発祥であろう。当時の社会的背景や理想とする社会のあり方を目標としたものである。芸術の基本は写実にあり、そこに描かれた客体の本質が表れるとして写実主義を教義としていた。その理念がよく表れているのが、建築教育における古典建築、すなわち、古代ローマやギリシャ建築の実測というカリキュラムである。形態や空間表現は、そうした古典建築を客体として学ぶことによってのみリアリティーを持ち得ると考えられていたのである。

このような前置きから現代の建築におけるリアリティーとは何かを改めて考えてみたい。現代の建築には、かつてのボザールにおけるような建築の客体としてのリアリティーが存在するのかという問題である。現代社会において求められる規範は、ボザールが希求した単一的で具体的な目標・客体とは比較にならないほど抽象的で複雑化していることはいうまでもない。さらに、デジタル空間に生きるという新たな現実をも踏まえれば容易に答えを出すことはできないはずだ。

ならば、そのような「いま」という現実社会において、建築が根拠とし得るのは何なのだろうか。抽象的にしか表すことができない社会の規範を、客体として具体的に捉えることはできないだろう。残るのは、人間の身体というアクチュアルな生身の存在しかないはずだ。

建築という存在は、その時代の社会のありようを強く反映する。すなわち、抽象的な社会という存在から人間が受け取る身体的感覚に沿うことである。時代によって変遷する空間の使われ方や設（しつら）え方、あるいは目新しい材料や時代の感性を呼び起こす素材の使われ方などである。

例えばコンクリート打ち放しやガラスを多用した空間がその典型である。そうした時代や社会のありようを反映した人間の感覚から想を得た概念操作により、人間の生活様式や活動を空間として実体化させる行為が「建築」という営みなのである。痛みであれ心地よさであれ、生身の人間だけが感じ取ることができるもの、それがアクチュアルな現実感でである。

フランスの哲学者ガストン・バシュラールの言葉が示しているように、建築とは、人間の肉体の行動的経験の中から生まれるアクチュアルな空間体験である。「自己を固有の時間に帰属させないことになれること。自己の固有の時間を事物の時間に帰属させないことになれること」（「詩的瞬間と形而上学的瞬間」、『瞬間の直観』紀伊国屋書店、1997年）。肉体とは自己の身体だけに備わった最も初源的な受感装置なのである。

（2020年6月26日）

屋上庭園考

ドローンの発達には、さまざまな発見があるように思う。鳥の目を持つことができるという意味で、少々大げさなことだが、人間の視界が広がったという発見である。上空から都市を俯瞰（ふかん）するという新たな関心が広がることになるのではないか。飛行機から都市を見下ろす経験はあっても、それは一瞬の出来事であるが、ドローンの目は、身近な目の獲得になる。

一方、地上では環境問題に対し、一層のギアアップを進めなくてはならないのが現実である。グローバル社会のゆがみが自国中心主義や保護主義を助長し、経済の減速が石油消費の低迷など20世紀型生産システムの変化を引き起こしつつある。さらにはデジタル社会の進展と、それに伴うライフスタイルの変容など社会全体に構造的変化が起こり始めている。

そうした中、新型コロナウイルスの問題がそうした事態に拍車をかけることになった。とりわけ、この新型コロナの問題は大きな時代の変化を促進させる契機になるだろう。

いままで以上に注目したいのは、人間や都市と自然との連携である。人間は緑の多い公園や森、あるいは田園での自然な空間に安らぎを感じる。しかしながら、無機的な人工物で高密度に構成されている都市には、そうした安らぎを得られる場所は少ない。そのために、近年では建築自体に緑をまとわせる取り組みが増えてきている。屋上緑化、壁面緑化などだ。

その傾向をさらに促進させるとどうなるだろうか。少し考えてみたい。

ビルの屋上すべての緑化を法的にも義務付けたらどうだろう。すなわち屋上庭園促進法である。上空から俯瞰した時、都市は緑の起伏ある大地のように見えるだろう。すべてのビルの屋上が緑豊かな公園のようになる。公的な建物のそれはまさに開かれた市民の公園となるし、そうでないビルの屋上も利用者の憩いの場所になる。屋上庭園が公園のように利用されるようになれば、健康的な生活を都市に取り戻せるのではないか。ただ、壁面緑化は生育管理などの面からは難しい面があるだろう。

地球は常に緑と水で覆われてきた。それが本来の地球なのである。これからの時代は、ドローンの積極的活用や将来的な空飛ぶタクシーなどを視野に入れ、屋上緑化は義務化すべきと考えたい。その結果、建築の意味や都市環境のあり方も大きく変わり始めるだろう。例えば、現在のビル屋上に無残に設置されている空調機や水槽などの機械はなくすべきである。それでなくとも現代の都市は高層化しており、隣のビルの屋上を見下ろすことが多くなっている現状を考えても、屋上庭園化は不可避と考える。都市のヒートアイランド現象緩和やビルの断熱効果なども期待できるだろう。

既に一部のデパートなどでは、屋上に設置されていた遊具を取り払い、来場者が憩える公園のような空間に設え、買い物の合間に一時の安らぎを与える工夫をし始めている。

ドローンの登場のような新しい技術は、さまざまなものの見方、考えることのチャンスを与えてくれている。

（2020年7月17日）

中国が動き出した

ＩＴの世界での米中の覇権争いが激化している。２０２０年10月、米国が中国発のスマートフォン決済サービスの制限を検討しているというニュースが流れた。その一つ「アリペイ」の運営会社アント・グループの上場が、中国の金融当局により延期させられるなどの波乱が起きているが、米トランプ政権による中国のＩＴ企業への規制強化は、米国の危機感の表れだったといってもよいだろう。先日、激戦の末に米国大統領選を制したバイデン氏も、対中政策についてはトランプ政権の対応を継承するはずだ。それほどまでに米国が危機感を持っているということだ。そして、ＩＴ技術の世界戦略はいまや米中対立ばかりではなく、世界を巻き込んだ問題に発展している。

さて、その中国であるが、15年に新たに制定された国家安全法は、あたかもそうした象徴のような存在として、20年に香港にも適用されることになった。中国政府は香港における高度な自治を解体し、一国二制度を骨抜きにしようと考えているのか、ある意味で、中国政府の香港に対する期待感は過去のものになり始めているようだ。香港に住む友人も、香港の勢いは失われ、中国本土側に隣接する深圳がその後継になるのでは、という危機感を吐露していた。

事実、深圳の動きは素早い。都市改造による新都市の誕生、それに伴う新たな大規模な建築群の建設など矢継ぎ早の勢いである。われわれにも次々に国際コンペ参加の要請が舞い込むほどだ。もちろん、深圳は経済特区として位置付けられた中国の世界戦略上の金融都市であり、いまや文化、エンターテインメントの発信地でもあるが、何よりも、IT戦略上の要の役割となることがその最大の目標とされている。

先日、深圳市の経済特区成立40周年の記念式典において、習近平国家主席は「中国は世界のIT企業の主導権を手中にする」と言明し、深圳の持つ役割を力説した。とりわけ、かつて毛沢東が使った、外国の技術に頼らない自力での発展を意味する「自力更生」を引用して、25年まで5年間の深圳の目標を謳(うた)い上げた。これからの世界の産業変革を念頭に置いて、中国がその主導的立場を取るという意志は明確である。自国との連携を期待する地域や国々との関係強化にゆるぎない自信を持っているということだろうが、中国共産党の姿勢を評価することはまったくできないのも事実である。

アイデアの優劣が勝敗を分ける

そうはいっても、都市の性格付けと発展に対する中国の国家的な戦略は、米国や周辺の国々との摩擦をものともせず、着実に推進する決意に漲っている現実を看過することはできない。その決意を目の当たりにできるのは、深圳に集結するＩＴ企業は無論のこと、それらを支える都市機能の整備である。空港や高速道路、地下鉄、そして経済活動の要となるコンベンション機能の充実である。そうした都市のインフラを軸に都市経済を支える事務所やホテル、商業施設などが拡充されており、その充実ぶりには目を見張るものがある。われわれも、そうした大型プロジェクトに参加して、世界の建築家たちと同じ土俵で戦っているが、そこでは、プロジェクトを具体的に進めるための基本的なアイデアが求められているのである。誰にでもできるようになったハードな施設の設計ではなく、その川上にあるアイデアの優劣こそが世界を制するか否かに大きく影響するからである。

そしてその速度も見逃すことはできない。中国のＩＴ企業は5Ｇ（第5世代移動通信システム）から6Ｇに移行し始めているが、かたや日本では、ようやく5Ｇに向け基地局の整備が始まったような状態である。その格差は歴然としている。そうした世界の環境下で、日本の針路・戦略が見えてこないことが気になる。日本の優位は「モノづくり」にあるといわれてきたが、そうした優位は次第にロボットやＡＩなどに取って代わられることは明白である。ただ闇雲にモノを生み出すだけではこれからの社会の要請に応えることはできないだろう。

社会の構造はモノを創造する有形資産型の企業から、知的創造を得意とする無形資産型の企業へとその重心が移り始めている。これは単に社会のデジタル化が進歩しているというだけの話ではない。

何のために何をつくるか

これまで、中国と米国の対立、IT産業の覇権争いが激化している状況の意味について述べてきたが、実はそれをヒントに考えたかったのは、建築設計のワークフローについてである。現在の設計作業においては、実施設計というワークフローの部分に対して非常に重きが置かれ、法的にも明確に位置付けられているという現実についてである。

建築界においても、ITの進化とともに、BIMなどによる設計のワークフローが進化するであろうこと、そして設計に関連する多くの作業が一連のスムーズな流れとして統合されるであろうことは容易に予測がつく。BIMにAIが連動し、出されたアイデアに対するさまざまな具体案を生み出し、過去のデータの解析とアルゴリズムを駆使した最適解を導き出す。工事は高度化したロボットが活躍し、工場での製作が一層増え、生産のプレハブ化は限りなく進化することも予測できる。もちろん、そうした建築においても、データのつくり手の個性やつくり方の特質は反映されるだろう。

しかしながら、そこで考えるべきなのは、何のために何をつくるか、そしてそれがどのような未来を生み出すのかまでを考えた「知的設計」の意味である。それこそ、設計の基本となるコンセプトであり、基本的な設計の枠組みである。この基本的な考え方を認識し、設定し得る存在である設計事務所も、まさに先に述べた無形資産型の企業である。つまり、こうしたことを追究していくのが、これからの設計事務所が問われるべき役割なのではないか。

中国は多くの問題を抱えている。その覇権主義に対してはまったく同意することはできないが、それでも、その果敢な挑戦的姿勢に対しての正当な評価を与える意味はあるように思う。それは日本の国際社会に生きる戦略上の課題でもあり、建築界における喫緊の課題でもあるからである。

（2020年11月18日）

日本建築の伝統文化の継承に思う

日本の「伝統建築工匠の技：木造建造物を受け継ぐための伝統技術」が、ユネスコの無形文化遺産に登録された。

無形文化遺産とは、芸能や祭り、社会的習慣、伝統工芸技術などを対象としており、木造建築に関する分野では、中国や韓国に続いての登録となるが、日本建築の持つさまざまな匠の技が世界に認められたという意味で極めて大きな意義がある。

今日においても、こうした伝統技術は、古い木造建築の修復や修理のみならず、現代の技術を用いた建築の中でも活用されている。

登録自体は喜ばしいことだが、現実的にはこうした伝統技術を取り巻く環境は厳しいものがある。匠の技、すなわち職人の技術的継承をどのように進めていくかという問題である。もちろん、後継者問題ばかりでなく、技術を習得するための環境整備、さらには、そもそもの材料の調達にも容易ならざる課題が残されている。

日本の木造建築はまさに日本の文化そのものといっても過言ではないだろう。木材の使用は、建築にとどまらず、箸や椀のような身の回りの品々から橋梁などの土木的な分野に至るまで、日本人の生活のあらゆるところに浸透している。また、製品や建築物が完成するまでのそれぞれの過程における、人の手技の痕跡が木には内在する。機械に頼らない人の熟練の技がモノの出来、不出来を左右するからである。

例えば、漆塗りについて見てみると、登録を受けた17項目の技術の中に「建造物漆塗」に加えて「日本産漆生産・精製」という項目も含まれている。樹液の採取に始まって、精製から生産、仕上げに至るまでの一連の過程が評価されたということは、モノづくりの観点から見て、複雑な工程と丁寧な段取りがあってこそ、伝統技術が支えられているという事実が注目されていることがよくわかる。単に完成し、出来上がった作品がすべてではないことが伝統技術の大きな特徴なのである。

木造建築はまさにその代表的な存在である。森林国日本の文化は、脈々と受け継がれてきた伝統技術に支えられて今日の評価につながっているということであろう。それが世界的な評価の対象になったということには大きな意味がある。

今日の日本の木造建築は、最新技術の導入により、これからの時代の建築のありようを先取りするような意味合いを持ち始めてもいる。その反面、伝統を守る工匠を取り巻く状況の厳しさは増すばかりである。アルゴリズムを用いた匠の技の分析・解明や、ＡＩロボットによるその再現など、技術的な発展により、そうした状況を改善することはできるだろう。しかしながら、工匠の経験と感性のすべてをアルゴリズムやＡＩが継承することができるのか。それは容易に答えられる問題ではない。ここでいま一度、匠の技を真に伝承していくにはどのようにしていけばよいのか、後継者の養成や技術継承をいかに図っていくかが問われるだろう。

（2020年12月21日）

言語と建築

近年、建築に言葉が失われていると感じる。建築の使い方や技術論についてではなく、建築が社会に問いかける意味や、建築の存在意義についての言葉である。そのためには言葉という存在が不可欠だからである。

言語論という視点から見れば、筆者にとって20世紀最大の哲学者、ルードヴィヒ・ウィトゲンシュタイン（1889－1951年）の「独我論」が極めて重要である。簡単に要約はできないが、筆者なりの解釈でいえば、「自己の外に、他者の世界は存在しない」ということではないか。そして世界を説明するために彼は「世界の限界は、言語の限界である」と述べ、言語の原初性とその重要性を指摘している。

現代社会はその複雑さと変化のスピードにより日常の世界を変質させつつある。そうした変質に追従していくには他者の存在が意味を持つことはない。あるのは自己の研鑽（けんさん）・学習だけで、それによって、目的を達成できる。したがって、自己の世界を広げる意志と学習がなければ、現実の社会からも失速し、落伍者にもなりかねないと解釈することもできるだろう。

ウィトゲンシュタインは、17世紀に活躍したフランスの哲学者ルネ・デカルトの系譜に属する。デカルトは意識する自己の存在は疑い得ないとした。いわゆる「我思う、ゆえに我あり」である。すべての存在を疑うという方法的懐疑を経て心身二元論に立った思想であり、自己の存在の根拠を表している。

前置きが長くなったが、現代社会の複雑さやスピードに対する自己という存在について考えたい。すべての存在が自己から始まるとすれば、建築も自己の思考や言葉から始まると考えるのが当然であろう。言語的思考があって、建築という具体的世界が見えてくるというわけだ。

人間の脳は直観(感性)と言葉(理性)によって理解する。思考によって一つの文脈を作り出し、論理的構築を図るのは言葉である。建築は、単に絵画のような純粋な芸術的感性だけで読み解ける対象ではなく、論理的構築がその背景には必要となる。論理がなければ、複雑な世界を描き起こすことなどできない。そうした論理を構築するために、言語は何よりも原初的に存在するのである。

さて、ここで述べているのは建築の解説の話ではない。建築を生み出すための、いわば哲学のような存在についてである。複雑な根拠がなければ、この世に出現することのない存在が建築なのであるからである。

一方で、社会的存在としての建築についての根拠も示さねばならないが、それが社会の中に生起することは確かである。そのためには社会の中の自己とは何かを問うことから始めたい。そして、自己の存在を表すことによって、自己の世界が露わになり、世界が見えてくる。すなわち、建築とは自己であり、また社会の一員でもあるということが明らかになるのである。自己の世界＝建築という構図である。そのためには、言葉がなければ何も具体的建築は生まれないし、建築の表現者への責任も問うことはできない。

（2020年12月22日）

第3章

理性なき社会への凝視

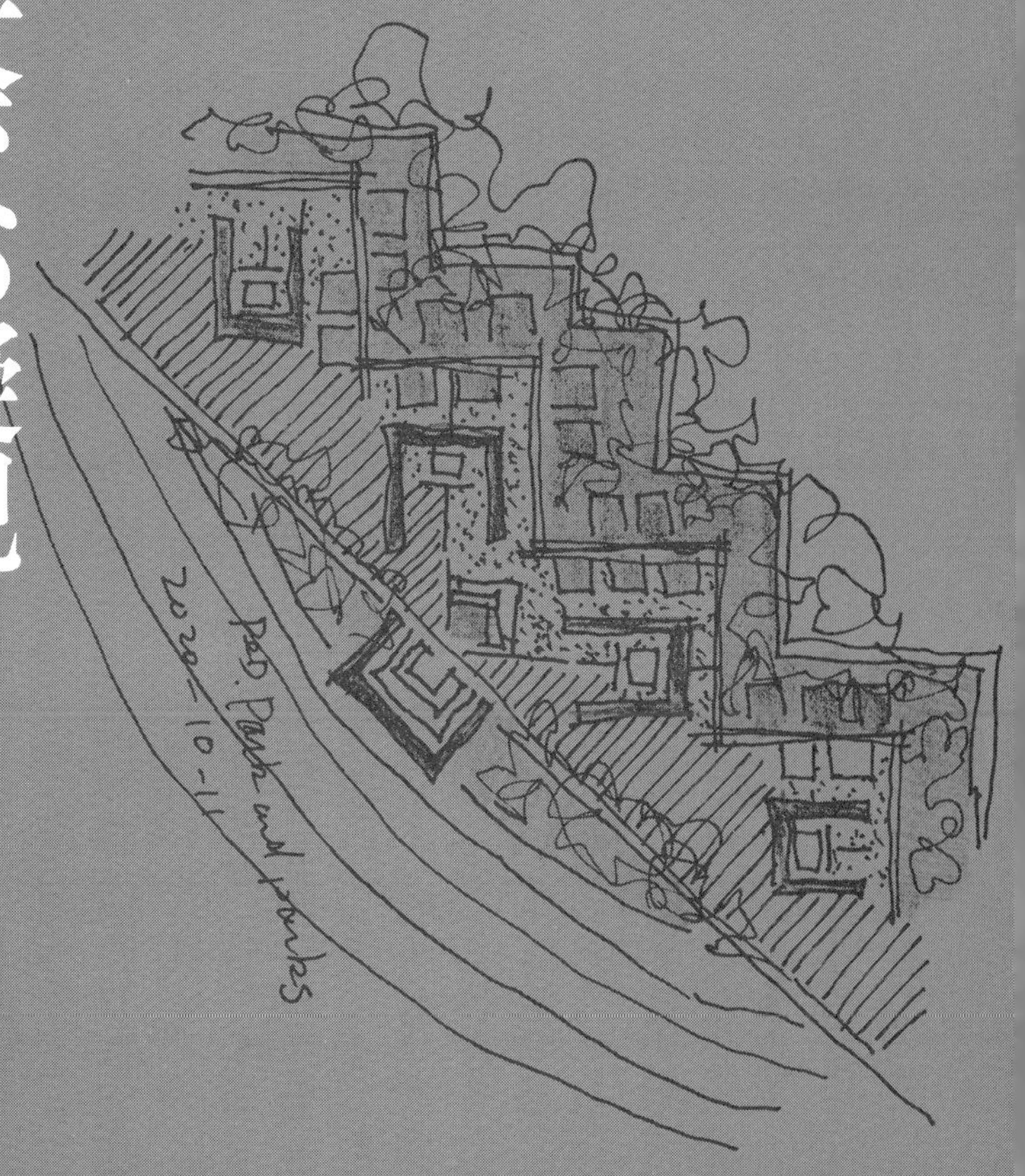

外圧がなければ変化しないのか

日本の政治状況がますます混沌(こんとん)としつつある。政治の状況を見れば、国の変化や活力を知ることができるといわれているが、国家や世界を見ることなく、些末(さまつ)な事件で混乱を招いている日本の状況は、平和ボケ以外の何物でもない。世界の日本への関心も希薄になり、存在感はもはや遠い過去の話になりつつある。とりわけ、1990年以降の日本の期待外れの硬直化については、もはや説明するまでもない。

世界的にも著名なジャーナリストで、日本についても多くを知るビル・エモット氏が近著『「西洋」の終わり』(日本経済新聞社、2017年)で指摘するように、日本の大きな変革は外からの力が働かなければ起こらないという歴史的事実がある。氏は「1860年代の西欧の圧力で、内戦が起き、数百年続いた徳川幕府の支配が覆され、もっと外向きで近代的な明治政府が樹立された時も危機が大きな役割を果たしてきた。1945年の敗戦と、それに続く52年までのアメリカの占領政策が、新たな変容をもたらした」という。その後、公的債務の異常な増加と、経済的デフレ状況を突破するために、政府は内政的金融政策にシフトし、国債の買い入れを図り、国の債務を帳消しに走るという内政的小技を駆使してきた。先の見えないアベノミクスもそれほど深刻に受け止められている気配もない。北朝鮮問題も同様である。自ら大きな変革を求める機運はまったく見えない。

建築界の活力もこの状況に同調しているように思える。エネルギー問題や木材への関心、環境負荷低減など世界共通の課題がある。さらに、日本は世界に先駆けて、高齢化、人口減少が進行しているにも関わらず、都市や建築への展望、変革は見えてこない。かつての大企業の衰退も革新を怠った結果であろう。経済主導だけで何が変わろうというのか。

日本の近代化において、ある意味では都市や建築の刷新が風景だけでなく、社会の仕組みや制度までをも一新してきたという事実について考える必要がある。そして、戦後には海外の近代的都市論や建築論は、米国の建築雑誌『アーキテクチュラル・フォーラム』や日本の『国際建築』などから入ってきた。われわれはそこから多くを学び、驚きと羨望（せんぼう）をもって、それらの論を受け入れてきた。それも明治以降の西欧的近代化の流れを受け継いだ、外圧による変化であったことは事実である。

筆者は、本稿でも一つの提言を試みた。「グローバル・スタイル」という考えだ（2017年9月19日付「英国の決意と『グローバル・スタイル』」、前著『棘のない薔薇』に収録）。自らのアイデンティティーだけでなく、グローバルに通用する要素も併せ持った新たな発想が、いま、一つの外圧として、登場し始めているように思える。もちろん、そこに日本のアイデンティティーや個性に基づく主張がなければ、単にインターナショナルな方向に向かうだけになってしまう。そこには、世界を驚かせるほどの強さと国家戦略、すなわち、都市のあり方や建築が連動することがなければならない。それなのに、高齢化や人口減少、制度の陳腐化などの現実に対する政治のかじ取りが、日本の革新への期待を裏切り始めていることが残念でならない。

（2017年10月12日）

難民問題と日本の課題

いま世界は、難民問題で揺れ動いている。ＥＵ（欧州連合）圏の難民問題に世界の関心が集まっているが、西南アジアの一角、ミャンマー西部に暮らすイスラム系少数民族・ロヒンギャ族の深刻さは、桁外れである。

筆者は、1970年代に当時のビルマ連邦共和国に駐在したことがあるだけに、他人(ひと)事(ごと)とは思えないのである。隣国バングラデシュへ逃れた難民は、既に50万人を超えているといわれている。もはや難民は世界共通の深刻な問題となり始めているが、その原因は単に宗教や民族問題にあるだけではない。より複雑な政治的、経済的力学がそこにあることを知る必要がある。

筆者が注目しているのは、難民の受け入れをめぐって、ＥＵという価値観を共有した連合体が揺らぎ始めている現実である。自国の利害と必ずしも一致するわけではない連合体全体のベネフィット（利益、恩恵）との関係を、政治がどう超克していくのか、いま政治の力が試されているのである。

その象徴の一つは、英国のＥＵ離脱の決断である。そして、もう一つが２０１７年９月24日の独の総選挙結果であろう。メルケル首相率いるキリスト教民主・社会同盟（ＣＤＵ、ＣＳＵ）と、大連立を組む中道左派の社会民主党（ＳＰＤ）で構成する連立与党の予想外の辛勝と、新興の極右政党の躍進である。「反難民」を掲げる極右政党の姿勢に流れが向かい、メルケル首相の寛容の姿勢とは逆のベクトルが力を持ち始めたのである。ＥＵ全体の難民の受け入れの経費の多くをドイツが負担するという政策に国民が反発し、その結果が選挙に表れたのだといえよう。こうした難民問題は英国も同じである。自国ファースト、自分ファースト、そしてポピュリズムといわれても仕方がない大衆の意見に左右されて、国家のビジョンや理想がゆがめられ、次第に国家の理想、ビジョンを押し潰し始めているのだ。

こうした難民問題は、何もＥＵやミャンマーだけのものではない。グローバル社会にあっては、世界のどこでも起こり得る問題である。国による格差もますます拡大するだろう。そうなれば、極東の日本も無関心ではいられないはずである。自国を守るということと、世界の一員として生きることを同時に解決しなければならないという極めて困難なかじ取りが求められる時代なのである。日本にその用意ができているとは思えない。しかし現実は遠くにあるわけではない。

例えば北朝鮮が崩壊すれば、中国や韓国だけの問題では済まされないからである。さらには内戦や宗教的対立、政治的・経済的混乱によって、難民問題がいつどこに発生するかわからないのが現代の世界の状況である。ある意味ではグローバル社会と難民問題は不可分の関係にあるということだ。その解決には国内的・国際的政治力によるしかない。政治力こそが、グローバル社会に生きる国のあり方を変えるのだ。それがやがて都市のあり方を変え、建築を変えていくことになるのではないのだろうか。

政治の空白状態からは、何も見えてこない。そればかりか困難な難民問題を避けている状態では、グローバル社会に生きる資格はない。

（2017年10月16日）

スペインの葛藤

スペインの首都マドリード近郊に住む友人が来日し、久しぶりにスペインの国内事情について話すことができた。日本での報道内容と随分かけ離れた状況に驚かされた。とりわけカタルーニャ問題だ。先日住民投票が行われたカタルーニャ地方の独立運動は、一部の過激派が扇動した運動を、あたかも正義の御旗(みはた)を立てているかのように、国内外の部外者がポピュリズム的に関心を示し、あおり上げられただけというのである。カタルーニャの住民の多くも独立など考えておらず、現状の安定を求めているという。実は住民投票も不正が横行、投票の体を成していないというのだ。

スペイン継承戦争以降、この国は歴史的に大きな変遷を経て今日を迎えている。とりわけカタルーニャは、第二次世界大戦以降のフランコ独裁体制下でカタルーニャ語が禁止されるなど抑圧された歴史がある。リーマン・ショックを受けて、一時的に財政の悪化もあったが、長期間、経済的にスペインをリードする地位にあったこともあり、常に自主独立の機運が冷めることはなかった。

激情型の国民気質も影響したのか、州首相のプチデモン氏をはじめとする州政府幹部は強硬姿勢を貫き、スコットランドの独立運動の動きにも刺激を受けカタルーニャ独立を問う住民投票が決行された。しかし、中央政府は、幹部の更迭や自治権の停止などにより対抗している。

友人の感覚は、マドリードの近くに住むこともあって、スペイン中枢、すなわち中央政府の考えに近いものではあろう。

19世紀以降のスペインの混乱は、その中央政府の国家意識、すなわち中央集権化を進める意識が根強くあったことが原因であることは否めない。一つのネーション、つまり国家・民族・国民を一つにするという意思の高揚である。マドリードは、その中枢の場所だ。状況の判断は、微妙だが、現地の声は、ある意味生の真実の声でもある。

英国のEU離脱がいまだ膠着(こうちゃく)状態にある現実もそうだ。双方の思惑と理想と現実は極めて複雑な状況を反映している。スペインにおいても、単にカタルーニャ問題だけに焦点を当てて語ることは困難であることを示しているのではなかろうか。19世紀以降のスペインの歴史にも要因があることを看過して語ることはできないからである。

翻って、日本の大都市と地方都市の格差や衰退の問題も同様である。地方の問題は、大都市の問題なのである。地方だけの再生、創生を唱えても問題は何も解決しない。例えば少子高齢化問題は、明らかに、地方だけの問題ではない。地方からの大都市への人口供給がなくなれば、大都市も高齢化率の上昇とともに、一気に衰退する。また地方都市からの大都市への移動は、地方都市の衰弱を意味することになる。特に女性は大都市へ移動し、そのまま結婚して定着してしまうからだ。その意味でも、地方の弱体化がそう遠くない将来、大都市に直結することは間違いないことだ。どうやって対処していくかは、スペインの状況に学ぶ必要がある。

安定は常に不安定と裏腹に存在する。過剰な中央集権化は、歴史を見ればわかることだが、地方を衰退させる結果を招く。そして、都市問題は建設産業界に直結するのだ。

（２０１７年12月14日）

開かれた社会とインターネット

ネット社会はわれわれに何をもたらしたのか。

一つは世界に開かれた環境に自らを置くことが可能になったことだ。一方では、より閉鎖的な悪しき環境に身を置くことにもなる。米国のＮＰＯ団体「ムーブオン」のイーライ・パリサーの著書『閉じこもるインターネット（The Filter Bubble）』（早川書房、２０１２年）は、そうした悪しき現実、すなわちフィルタリング技術に潜むネット社会の落とし穴を指摘し、話題になった。彼は、世界にはあらゆる情報が存在するが、それらの情報とわれわれの間には一人ひとりに合わせてパーソナライズされたフィルターが置かれており、われわれに届くのはそのフィルターを通過した特定の情報だけだとし、そうした「フィルターバブル現象」に警鐘を鳴らしてきた。いまその現象が、ますます深刻化しているように見える。米国のトランプ支持者や英国のEU離脱派、スペイン・カタルーニャの独立派などはフィルターを通した意見に影響され、まさにフィルターバブルに巻き込まれた結果を生み出しているのではないか。日本でも2017年の東京都議選で圧勝した都民ファーストの会を引き継いだ希望の党が衆院選で惨敗、フィルターのかけ方次第で結果が左右されるというフィルターバブル現象が引き起こされた。

フィルターには、メディアの存在などが挙げられるが、最大のものはいうまでもなく政治力である。規制などの法的枠組みをはじめとする公的権力を持った規制力である。あるいは公的資金、すなわち補助金などにより既存の枠組みを緩和の方向に誘導する場合もある。パリサーはこうした役割の先導者に都市計画家や建築家を挙げているが、どれほどの人がその問題を自覚しているだろうか。

「モーゼスの橋」という話がある。ニューヨークの開発計画に大きな影響力を持ったロバート・モーゼスの計画によりロングアイランドの公園に至る道路にかけられた、公営バスなど車高の高い車は通れないような低い陸橋のことだ。大型車の制限は環境保護のように見えるが、実は公共バスに依存する低所得者（その多くは黒人）を排除する政治的意図があったというのである。

無論、都市計画家や建築家がすべてこうした悪意を持って設計を行っているわけではない。しかし、極めて政治的影響力に支配されやすいということも事実だ。実務者としての自覚が足りないばかりに多くの問題を見過ごしているケースもあり得るのである。

21世紀の社会はインターネットを通じて誰もが多くの情報にアクセスすることが可能にはなったが、フィルタリングによる制御機構に組み込まれて特定の状況に誘導されつつあるのだ。モノを中心とした産業資本主義社会から金融資本主義社会への移行は、モーゼスの橋のような物理的フィルターから、新たなフィルタリングへとより精妙さを増している。金融という極めて抽象的で、場所や地域性を持たない、先に仕掛けた者勝ちという社会の出現は、それこそ、ますます深刻化する格差社会、分断社会の出現なのである。

（2018年1月29日）

例外の時代

20世紀後半から21世紀初頭の今日ほど、変化と多様性に満ちた時代はないという。『例外時代』（みすず書房、２０１７年）を著した米国のエコノミスト、マルク・レヴィンソンは、過去の歴史が比肩すべくもない現在の社会状況の特異性をさまざまな事象から検証している。人類が到達した文明社会の到達点はまた多難な時代でもあるというのだ。

世界にはいまだ発展途上の国はあるが、それらの地域も未開ということではない。文明の波は直接的、間接的に世界にさまざまな影響を与え、急速にそれらの環境を激変させている。世界の至る所で見られるスマートフォンを扱う光景が象徴しているように、それはグローバル社会の急速な進展を意味する。あらゆる世界の情報は即時に世界の隅々にまで届いてしまうのである。その勢いは誰もとどめることはできないだろう。その結果、いま何が起こり始めているのかはいうまでもない。例えば、格差問題への異議申し立てがあらゆる場所で起こり始めている。当事者の不満は一気に爆発し、収まる気配はない。世界に巻き起こりつつある移民問題もその一つなのだ。

一方、先進国は日本を筆頭に、人口減少と高齢化社会に突入し、社会の進路をどう誘導するか、国も企業もそして個々人においても手探りの状況である。近代化が成し得てきた課題とは異なる、高齢社会や成熟社会、そしてグローバル社会の現実がいま何をわれわれに問いかけているのかもわからず、問いの受け手に問題があるのかさえも定かではない。さまよい続けている状況である。

こうした状況を見て、1949年に発行された英国の作家ジョージ・オーウェルの小説『1984年』を思い出す。そこでは核戦争で世界は三つの超大国に分断され、全体主義と監視社会になるという未来が予測されていた。すなわち、ヨーロッパの繁栄の次に来るのは没落と彷徨(ほうこう)の時代とされたのである。現代の社会がデラシネ(彷徨者)の時代だとすれば、核の恐怖はまさにこれからの状況を表しているのではないのか。さまよう社会には誰かが手を差し伸べなくてはいけないというが、それは何を意味しているのか。例外の時代に終止符を打つのは——。

杞憂(きゆう)なのかもしれないが、仮に核戦争を排除してもグローバル化による情報の拡散社会においては、一方で強力な秩序の到来、すなわち全体を把握し、コントロールする力の存在が求められることになりはしないだろうか。もはや社会は自動制御されつつある。そこから逃れることの困難さは誰もが知るところである。その先にあるのは監視社会ではないかと考えるのはある意味では必然のことであろう。

現在という状況の中で、国家、そして個人個人の生きざまに対してまで、あまりにもオーウェルの小説の教訓が生かされていないように思われる。そうした問題を成り行き任せに放置しておくことが妥当なのか、そこが現代の問題なのだ。

最後の砦ともいえるのは、個人の主体的判断と行動しかない。このようなさまよえる時代に生きるすべは、そこにしか存在しない。

（2018年3月22日）

政治と都市・建築

最近の世界の混乱ぶりには驚くほかない。米国などの攻撃によりさらに混迷の度合いを増したシリア問題、いまだ解決の糸口すら見いだせないイスラエル・パレスチナ問題、スパイの殺害未遂事件に端を発した欧米諸国によるロシア外交官の追放、米国ではティラーソン国務長官の突然の解任、ますます独裁化する中国・ロシアの帝国化と中朝の急接近、さらには貿易戦争の様相を帯びつつある関税をめぐる米中のやり取り、そして国内では北朝鮮問題から米韓との連携、さらには公文書の改ざん問題や憲法改正など枚挙にいとまはない。政治に問題の核心を突く解決能力が問われていることがわかるが、解決への糸口すら見いだせていない状況は、現代社会の混迷ぶりを物語っている。こうした経済や社会システム、独裁主義など、幾重にも重なっている現実と、都市や建築の動向は無関係ではない。独断を恐れずにいえば、都市や建築は社会の文化的帰結である。その文化的帰結を擁護し、方向付けるのは政治の力である。政治の力がなければ、豊かな都市や建築が花開くことはない。何のための都市や建築なのかというビジョンを政治が持っていなければ、社会を豊かにする大義が成り立たなくなってしまう。

こうした世界の政治的混乱は、都市や建築文化を不毛に帰すだけだ。しかし、独裁は、特定の文化資産を生み出すことはあっても、国民や市民のためになる都市や建築につながるということにはならない。例えば、ファシスト政権下のドイツやイタリア、あるいは日本の翼賛体制を見れば理解できよう。建築家も政治的思想を受け入れて、雪崩を打つように一つの建築的傾向へと走ったのである。単に都市や建築ばかりではなく、文学や絵画、デザインの分野でもその傾向は明らかである。例えば1933年に時の政権の弾圧によって閉校の憂き目を見たバウハウスがそうだ。モダニズム建築に大きな影響を与えた進歩思想は国威発揚につながらないとされたのである。

社会の文化的土壌を豊かにするのは、政治の混乱でも、独裁でもないことは、歴史を顧みるまでもない。社会の意志は、経済とも無関係ではないが、政治との関係において、社会的存在である都市や建築の表現に強く結び付く。

現在の世界的な政治混乱は、文化を生み出すことはないだろう。こうした時、都市や建築は何を目指すべきなのだろうか。実はそこにこそ、都市や建築に関わる意志の存在が問われるのではないか。繰り返すが、都市も建築も社会的存在である。であるから、都市や建築の側から社会のあるべき姿を示すことが可能だという逆説も成り立とう。社会を元気にするためには、建築界の存在は小さくない。

いま世界で共通して求められているのは、地球環境悪化に対する危機感の共有とその対策、グローバル社会・世界に向けた新たな取り組みであろう。どちらも地球的規模で考えなくてはならない課題である。そうした状況の理解と自覚が不可欠な時代なのだ。それなくして、もはや現代を生きることはできない。

（2018年4月23日）

英国のEU離脱の先にあるもの

2016年6月24日、英国はEUからの離脱を国民投票で選択した。17年3月29日には離脱を正式通知、同年6月から実務的交渉に入って早1年が経過したが、依然として19

年3月の離脱に向けた合意はかなり困難であるという。

EUに対して英国は離脱派と残留派で割れており、それぞれの意見はどの領域にも関わることがあり、また利益相反もあるため、事態をより複雑にしている。EUも英国も自らの主張を誇示するばかりであるが、英国内の両派が相互理解に歩み寄ろうとしていない状況が、離脱合意の妨げになっているらしい。英国の友人からの情報によるとおおよそ、そのような状況が伝わってくる。

EUの理念は、ヒト・モノ・カネ・サービスが一つの市場を形成することであった。EUそのものが、加盟国それぞれのアイデンティティーは保持しながら、一つの国家のように機能するという、まさに中央政府と地方自治体の関係を意味している。

英国の本音は、聞くところによると、EU離脱はやむなしだが、金融などのサービスは現状を維持したい意向であるという。さらに、モノの貿易に関しても、EUに従う姿勢を表明しながら、従来どおりの関税ゼロを要求している。英国の食料や工業生産力は極めて脆弱（ぜいじゃく）であり、そうした資源確保のために動き始めている現実がある。いつ離脱が実行されてもいいように準備が始まっているというが、一方で残留派との政治的取引材料として、二者択一の選択肢を常に残しつつ問題の先送りを図っている。EUにとっては手前勝手な言い分だろうが、これこそ英国の本音であろう。

こうした状況の中、国民投票をやり直すべきという意見も出始めているというが、むしろ離脱に向けた動きを加速するだけになるだろう。独断だが、一度決断したことを逆転させることを英国民は望まないのではないか。それこそが英国民の自負心であろうと考えるからである。

こうした英国の葛藤は、時代という背景が生み出したものであることは間違いないことである。それこそがまさに歴史という事実の重みである。仮に完全なる離脱が政治的に実行されたならば、また新たに世界の構図が書き換えられることになる。

現在のＥＵに対立的に振る舞っているロシア、中国、米国に加えて、英国がそうなるかは定かではないが、英国の地政的、歴史的事情からしても、そのような方向にはならないだろう。英国の政治判断に期待するしかないのだが、新たな世界情勢が生まれることになることは間違いない。

翻って、いま日本のポジションはどうなっているのかが気になるところである。それはＥＵや英国をはじめとする主体的意思の表明が、歴史という事実をつくり始めているという現実である。まさにそれこそが政治的発言の原点である。国家そのものの存在を決定付ける意志の表明なのであるからである。

少なくとも、アジアの中で日本はどこに向かおうとしているか、その問いに誰が答えることができるだろうか。それはまさに国民の問題なのである。

（2018年9月28日）

自己責任論をめぐって

ジャーナリスト安田純平氏の拘束・解放をめぐって日本ではさまざまな意見が飛び交ってきたが、多くは批判的意見で、自己責任を問うことに集約されている。安田氏本人もおわびと感謝を表明し、自らの非を公にしている。

しかしながら、海外では「国境なき記者団」をはじめ、安田氏の行動はむしろ称賛されるべきで、謝罪などする必要はないとする意見が大半を占めている。

筆者も、こうした日本の論調や批判が極めて利己的で、閉鎖された社会の中の発想であると考えている。

ジャーナリストの独断的行動だとしても、誰もが容易には立ち入れない悲劇の場所の現実を世界に知らしめることには重みがある。政府などの特定な情報だけに頼りきることは危険なことでもある。海外のメディアや識者がことごとく日本の常識を疑問視していることには筆者も賛同せざるを得ない。

日本のこうした風潮や「常識」が、国内で起こるさまざまな出来事にも関係しているように思われる。建築界も同様である。先ごろのKYBのオイルダンパーの数値不正は、数年前の東洋ゴム工業による免震ゴム、旭化成建材の杭工事の不正同様、社会全体に大きな衝撃を与えたが、そこに垣間見えるのは常に施工者やメーカーなど、不正に関わった当事者だけをターゲットにし、問題解決を図ろうとする傾向である。当事者責任、すなわち自己責任の問題にしてきたのである。

しかしながら、問題の本質はそこにはない。そのような問題の原因がどこにあるのかを見なければならない。すなわち、建設業の生産システム全体が包含する問題を見なければ、事の本質は何も見えてこないということなのだ。当事者を指摘するよりも、むしろ問題を引き起こす状況に追いやり、放置してきた業界や企業の構造に潜む問題を指摘しないままでは、事後の是正には何も寄与しない。さらにいえば、設計事務所の監理責任、検査・監査機関の問題でもあるのだ。このような状況で、品質管理を問うISO(国際標準化機構)は機能しているのだろうか。

建設業ほど多くの種類・分野の企業や組織を抱え込んで成り立っている複合的な産業はほかにはない。それだけに、個別の微小な部位が見えなくなり、全体を見通すシステムが成り立ちにくい。無論、こうした巨大産業における問題は、近代産業の宿命ともいえる。

多くの独立した個が全体をつくるのだが、その全体はほとんど誰にもわからないという極めて不条理な構造を持っているからである。だから問題が起これば、当事者の責任に帰することしかできない構造になってしまっているのだ。こうした構造が、当事者責任、ひいては自己責任論が生まれることの根底にある。全体を見ないで、部分しか見ない、見えない現代社会の構造的問題でもある。

安田氏の問題は、複雑な現代社会に突き付けられた一つの問いであり、ジャーナリズムの役割や社会的貢献に対する問題提起である。軽々しく非難すべき問題ではない。政府はじめ、日本人はむしろ彼を支援しきれなかった状況を反省すべきなのである。

（2018年12月5日）

現代社会と変化という現実

最近の社会現象は、いままでの慣習や制度との齟齬（そご）が一気に露呈し始めている感がある。政治の世界をはじめとして、国の行政機構、大企業の体質、大学などにおける教育環境、そしてスポーツ界、さらには、男女差別問題など、枚挙にいとまがないほどに日常の世界を揺さ振っている。こうした現象はわれわれが属している組織や団体、あるいは社会の保守的姿勢が時代の変化についていけていないという状況が顕著になっているために起きているのではないだろうか。

人間も含めた動物は、本来極めて保守的に生きている。環境が変われば、動物は身構えて保身に走ろうとする。その姿勢はある意味で当然のことなのである。しかしながら、人間はほかの動物とは異なって、新しい世界に積極的に入り込むことができる。「意思の構築」という能力を持ち備え、経験を通して、いままでの考えを修正し、自らに課せられる状況を受け入れることができる。さらには環境に働きかけてそれを変えていくこともできる。そうした存在が人間なのである。

さて、世界的に見れば、米国の保護主義的政策、ＥＵの保守的勢力の台頭などがあるが、それらは国際的な場における保守と革新の戦いの構図を示しているのであって、日本のそれとは状況が異なる。日本と世界のトレンドは遊離しており、日本の動きは極めて閉鎖的な問題である。そこにあるのは、時代の変化に対し、依然として過去の因習を踏襲した制度や慣習、価値観にとらわれたままで、自らが置かれている環境とのギャップにまったくといってよいほど気付いていないのである。これをパーセプションギャップ、認識のずれという。変わる社会に単に順応するということだけではなく、社会と自己に対する不断の問いかけを通じ、環境との絶えざるストラグル（格闘）を行っていかなければそうした乖離を埋めることはできないのである。

では、社会の変質、変化はどこに生じているのか。一つは、われわれはいまや避けて通ることのできないグローバル社会に生きているという現実である。さらに、社会の現実空間、すなわちアナログ空間がデジタル空間なしに成立し得なくなったことによって、現実空間そのものが変質し、過去のそれとはまったく異なる様相を呈しているという点である。

その上で、われわれは物質中心の工業社会から移行して成熟社会の真っ只中にいることをも意識しなければなるまい。単一的な価値観を志向する社会から、多様な価値観を受け入れる「ダイバーシティー社会」の中に生きているという事実である。もはや、われわれはかつて経験したことのない環境の中に生かされているということなのである。

かつてないほどに変化し続ける環境に生きるということの意味を考える必要がある。人間は、時代の環境に順応するばかりでなく、先に示したように、自らの意志のもとに環境に働きかけ、新たな展開を試みてゆくことができる。それが進歩なのである。

しかしながら、適切な進歩は時代の状況をいかに鋭く感受できるかにかかっている。守旧的人間にはそうした感覚は生まれない。

（２０１８年12月27日）

英国の苦悩

英国のメイ首相の苦悩が痛々しい。

2019年3月14日の英国議会で、EU離脱の延期への賛否を問う採決において、直前に延期賛成の演説まで行っていたバークレイEU離脱担当相が反対票を投じたという電信が伝わってきた。ますますメイ首相の孤立感は高まっている。

英国のEU離脱の動きは国民経済への圧迫から始まった。難民問題、労働市場の疲弊、産業構造の転換の遅れなど、かつての大英帝国の名にふさわしくない状況に、国民の不満が爆発したのである。既に2年半ほど前、16年6月23日の国民投票で離脱が決定された。結果を受けて辞任したキャメロン前首相の後を受けたメイ首相は、本来はEU残留派ながら、国民の意志を尊重し、離脱の手続きに入ったのではあるが、その後の混乱はまさに今日の状況に表れているとおりである。国民は、EU離脱に伴うさまざまなリスク、例えば関税とそれに伴う物価上昇の恐れや出入国管理の問題、外国企業の流出など、自らの将来的な労働環境の悪化にまで考えが及ばず、自らに降りかかっている直近の苦難を取り除くことを優先したということであろう。その結果、ある意味では、現状はもはや手遅れの状態に陥っているのである。それでも、メイ首相はＥＵとの協議を重ね、両者の利害を最大限一致させるための協定案を作成してきた。しかし、英国議会はことごとくこれを否決したのである。さすがにいわゆる「合意なき離脱」は19年3月13日の採決で否決され、今回の離脱延期も可決されたことで、メイ首相はようやく一息ついた格好だが、なお混迷は深まるばかりである。当の国民も、自らの投票結果の矛盾にようやく気付いたようだ。現在、英国に残された道は、同年6月まで延期された離脱の先に結局「合意なき離脱」を迎えるか、さもなければ、メイ首相の辞任を伴う国民投票のやり直しという方向しかない。

さて、こうした英国の政治のあり方を見ていると、現代社会、より狭義に見れば国家運営のあり方、政治の力について考えさせられる。それは同時に首相や議会の力、見識の表れでもあるのだ。英国議会は、世界の民主議会制度の見本である。その英国でさえ、このような状態になっているという現実は、いまや国家運営は、一国だけの力では成り立たないという現実を物語っている。ＥＵの存在そのものが、欧州の一体化、さらには世界の一体化、すなわちグローバル社会に生きる現実の意味を物語っているのである。

世界の警察を自負し、世界の民主政治をリードしてきた米国が今や自国ファーストを叫び出す有様である。世界に開かれたグローバル社会を実現することは如何(いか)に困難なことなのか。保守的な思想の台頭は世界に広まる傾向にある。ＥＵをリードしてきたドイツですら、自国中心を唱える保護主義的な圧力が、メルケル首相を辞任表明にまで追い込んだのである。

さて、日本の政治や議会運営はどうなのであろうか。国の運命を司る決断が常に議論されて、未来を見ているのだろうか。その結果は都市や建築の世界に直結する。


（2019年3月26日）

グローバル社会の変容

現代社会がグローバルに展開していることは、世界のどの国にも共通する新たな課題を生み出しつつある。IT革命による新たな情報戦争ともいうべき状況に突入したからである。

とりわけ、政治や経済の動向が、取得した情報量によって決定付けられる社会にあっては、情報が世界の市場を決定するわけだが、それがまた新たな国家間の紛争に発展し始めている。結果、世界の混乱も加速度的に拡散するという状況を生み出しつつある。

その端的な事例が、2018年12月に起きた米国と中国の通信機器大手ファーウェイ

（華為技術）との紛争であろう。ファーウェイが米国のイラン制裁に違反した疑いがあるとして、米国司法省が捜査を始めたというのである。既に13年には米下院の情報特別委員会がファーウェイの製品について「米国の軍事、政府、民間の電力、金融などのシステムを破壊したり、混乱させる可能性、恐れがある」と報告しているが、今回はさらに、同社の商品が、情報を中国政府に送信していることが問題視された。ファーウェイ製品は世界中で広く利用されているが、米国はイタリアやドイツ、日本など同盟諸国の政府機関に、同社製品の使用を中止するように求めているとされる。

しかしながら、事を複雑にしているのは、ファーウェイの製品が世界で広く使われているのはもちろんのこと、部品が日本を含めた世界の各地から調達されていることである。米国の同盟諸国は、既に述べたように、ファーウェイ製品をボイコットし始めているが、問題の本質を理解しないままに、制裁的行動に走る現実は何を解決しようとしているのであろうか。

1996年、米国の政治学者のサミュエル・P・ハンティントンの著書『文明の衝突』（邦訳は集英社、98年）は世界的なセンセーションを巻き起こした。ソ連崩壊により、イデオロギー対立からくる紛争から、文明同士による、その断層線（フォルト・ライン）における紛争に移行し、さらに激化すると指摘したのである。ハンティントンは現代の世界の主要文明を大きく八つに分類し、マクロ的視点から西欧文明とそのほかの文明との対立構造を示した。

また、ハンティントンの教え子であるフランシス・フクヤマは著書『歴史の終わり（上、下）』（三笠書房、92年）で、イデオロギー闘争が終焉（しゅうえん）し、民主主義の政治体制を破壊するほどの戦争やクーデターのような歴史的事件はもはや起こることはないとした。

しかしながら、IT社会の出現によって、両者が示したような状況を超えて、グローバル社会は新たな紛争の時代に突入したのである。先に示したようにITは世界に開かれて成り立っている。もはや個別の国家や企業という主体の問題ではなく、ITとそれが扱う情報の相関で生まれる運用能力の差異がアイデンティティーを示すという世界の出現なのである。サイバー空間が示す新たなグローバル社会は、ハンティントンのいう地域主義の台頭とも異なる世界である。

米国のGAFA（グーグル、アップル、フェイスブック、アマゾン）などの巨大IT企業が世界の命運を握るのであろうか。

（2019年3月29日）

ブレグジット問題再び

英国のＥＵ離脱期限が２０１９年の10月まで延長されたが、それでも最終的に「合意なき離脱」となれば、さまざまなリスクや問題が残されたままになる。まさに政治に決断が迫られているのである。品不足に備えて、英企業は在庫の積み増しを急いでいるそうだが、その結果、市場は予想以上に潤っているといわれている。

しかしながら、合意が成立しても、離脱が与える影響は大きいだろう。例えば、英領北アイルランドとＥＵ加盟国のアイルランドとの国境問題は未解決だ。このまま進めば、過去の忌まわしい宗教戦争が再燃しかねない。さらに企業の国外脱出、海外からの投資の減少などが進むだろう。英国内だけでなく、ＥＵ諸国、果ては国際秩序の懸念材料になる恐れもある。世界経済のリスクを高める要因にもなるだろう。

さらに懸念されるのは、米国のような、そして、ＥＵ内部でも起こり始めている、保守的勢力の台頭である。すなわち自己保全、自己利益追求の保護主義の台頭であり、英国内の保守勢力が伸長すればどうなるのか、世界は固唾（かたず）を飲んで見守っている。筆者はメイ首相を評価してきた。常に冷静沈着で、民主主義のリーダーである英国の首相たる信念と理想を体現しているように見えていたが、与党・保守党からも退陣要求が出る始末である。彼女の次は誰が首相の座に就くのか。議席数で見れば労働党政権はあり得ないが、いまや二極化し始めていた英国政治において何が起こるのか。例えば、米国やロシアとの帯同を深めて、健全な市場経済をゆがめることになるのでは、という懸念がある。

いまさらEUが求めてきた理念を述べる必要はないかもしれないが、民主主義国家間の経済運営にあたっては、グローバル社会だからこそ、より一層強固な協調が求められる。EUはまさにそうした理念の実践の場なのである。そこからの離脱の火種は身近な経済的貧困である。政治がそれを直視することは重要だが、理念や国の展望を見失っては問題解決にはならない。理想や理念は、単なる願望ではない。グローバル社会に生きる現実とは何か、もはや、かつての大英帝国の栄華を夢見ている時ではない。自国優先の国家主義は過去の産物であり、同盟国だけの利益を誘導する時代ではないのである。

筆者は、政治家としての強い信念と堅固な意志を貫きながら、その中にも英国の気品が感じられるメイ首相の奮闘ぶりには強い共感を抱いてきたが、もはや退陣しか残された道はないだろう。

英国経済は次第に現在の在庫の積み増しの反動が出始めるだろう。そうなれば、一気に企業の動揺が大きくなる。その結果は明らかだ。金融市場も暗雲が垂れ込めてくる。こうした事態が長引けば、世界に新たなリスクと混乱が待ち構えている。政治のかじ取りがまさに問われているのである。

経済が落ち込めば、都市の勢いも減退し、やがて荒廃していくことになるだろう。ブレグジットの結末は「政治家の決断」にかかっている。日本も対岸の火事では済まされない。

（２０１９年５月10日）

気になるブレグジット問題

英国・メイ首相がＥＵからの離脱を果たさないまま、退陣を表明した。予想されていたこととはいえ、それが現実になってしまった。彼女の情熱と知性に常々敬意を抱いていたが、残念なことだ。辞任会見では離脱が実現できなかった悔しさをにじませながらも、離脱への合意は必要だと信念を述べ、最後に「愛する国に仕えたのは生涯の光栄でした」と涙ながらに語った。

英国史上最悪の首相といわれるキャメロン前首相率いる内閣で内相を務めていたメイ氏は、ＥＵ懐疑派ながら、国民投票ではＥＵ残留を選択した。それでも、国民投票後に首相に就任したメイ氏は、国民の意思を尊重してＥＵからの離脱に向けて全力で取り組んできた。ＥＵとのよき関係を維持する形をも考えながら、英国のあるべき姿を模索し続けてきたのである。そうした努力の末に生まれたＥＵとの合意案は、身内である保守党からも反発を受け、議会の合意は得られず辞任に追い込まれたのである。もはや打つ手はなくなり、万策尽きたということなのだ。今後、後任の保守党党首が選ばれることになるが、果たして英国はどの道を選ぶことになるのだろうか。

産業界、とりわけ自動車業界は、ＥＵ離脱はともかく経済的連携は維持したいという意思を示していたが、英国議会は離脱条件を定めた協議案の否決を繰り返し、離脱派と残留派の対立は深まる一方だった。もはやイデオロギーの対立を超え、国家存亡の危機というところまで来てしまった。こうした英国議会の混乱の中、メイ首相の努力で離脱は２０１９年10月末まで延期された。

だが、もう一方の当事者であるＥＵ側はもはや猶予や妥協の選択肢は持たないという。欧州議会も理事会との調整が難航、明快な結論を出すことは困難なようだ。その最大の要因は、良識派ともいうべき中道派の退潮と「忘れられた地方」をターゲットにし始めた右派政党の台頭である。賃金の安い移民労働者の急増に伴う雇用の悪化や治安に対する不安、また地方経済を軽視する中央政府への反発が、ＥＵ全体の空気を支配しつつある。いわゆるポピュリズムである。実際、先日行われた欧州議会選挙でもＥＵ懐疑派などの右派勢力が大きく議席数を伸ばした。

こうした動きは、３年前（16年）の英国の国民投票に表れたものと同じ構図である。とはいえ、野放図な財政拡大を主張するポピュリズム政党の台頭は、中央政府の無策ともつながる問題でもあるのだ。政治のかじ取りは難しく、結果から判断するしかない面もあるが、十分な議論のないまま国民投票という手段を選んだ英国議会の決断が最大の過ちだったのではないのか。ＥＵ各国でのポピュリズムの台頭も同根だろう。国民投票による選択が必ずしも国民の利益になるとは限らない。国民一人ひとりが、国家の利益と自己（国民）の利益の両方をバランスよく考えることは難しい。民意は尊重すべきだとしても、信念に基づいて不均衡を正す努力は必要だろう。まさにそれが「政治が果たすべき役割」なのである。メイ首相の奮闘に思う。

（2019年6月6日）

どうなる英国——多元主義とポピュリズム

英国の首相がメイ氏からジョンソン氏に代わったが、ＥＵの離脱で何が変わるのだろうか。離脱の形が変わるだけなのか。それまでのEUとの協調関係はどうなるのか。二分する英国議会の判断は何を意味することになるのか。英国のプライド、あるいは傲慢なのか、与党・保守党の支持率は急回復しているとはいえ、さまざまな意見が入り乱れる状況である。一部報道では2019年10月末には合意なき離脱が強行されるという。いまさら国民投票の判断、結果を云々するつもりはないが、英国のトランプともいわれるジョンソン氏の対処の問題は、政治という「内実の力」の問題となるだろう。

いま世界は、米国のトランプ大統領に象徴されるように、ポピュリズム旋風に翻弄されている。EU内部でもそうした右派的ポピュリストの台頭傾向が表れている。ドイツの政治学者であるヤン＝ヴェルナー・ミュラー教授の『ポピュリズムとは何か』（岩波書店、17年）によると、「反エリート主義者であることに加えて、ポピュリストは反多元主義者である」という。そして、ポピュリストにとっては「一部の人民のみが、まさに真の人民であり、正しく自らの国家からの支援に値するもの」であり、民主主義を包容から排除の装置に変えてしまっていることも指摘している。すなわち、ポピュリズムとは、端的にいえば自分に都合の悪いものは排除しようとすることなのである。

ヨーロッパがともに歩むことの意義を掲げ、多くを包容し、理念を共有することからEUは始まったのであるが、メイ前首相は英国民の意志を尊重しつつも、そうしたEUの理念をも踏まえ、EU離脱に際しては最低限の合意を取り付ける努力をしてきた。しかし、新政権の主要メンバー、すなわちジョンソン首相はじめゴーブ・ランカスター公領相ら離脱推進派は、もはや合意なき離脱に躊躇(ちゅうちょ)はない。

そうした傾向は建築や都市のありようにも見て取ることができる。時の政権、すなわち、政治の力がそこに大きく作用するのである。国家権力の意向に沿う形がつくられるのだ。モダニズムはある意味では民主主義的思想のもとに建築の潮流を生み出してきたが、いまや脱モダニズムの時代となり、一見わかりやすい個性とアイデンティティーの存在を明示させることが正しいかのように振る舞い始めている。ミュラー教授の指摘する反多元主義こそ敵対心の土壌が生み出されることになるのであろう。それぞれが個性的振る舞いと結果を引き出そうとしても、結局は右へ倣(なら)えと同じような姿と結果を期待することになるのだ。そこにこそ、ポピュリズムを生み出す土壌があるのではないのだろうか。誰も多元主義の現実を真に理解しようとしていないのではないか。

最後に、ブルガリアの政治学者イワン・クラステフ氏の著作『アフター・ヨーロッパ』(岩波書店、18年)から「ポピュリストはリベラル・デモクラシーの制度ではなく、利益(選好)の合理的集計として政治を理解することに対しても反抗する」という言葉を記憶にとどめたい。

(2019年8月19日)

ブレグジットをめぐって

英国のＥＵ離脱期限である２０１９年10月末が近付く中、ＥＵが3度目となる20年1月末までの延期を認めた。「合意なき離脱」をも辞さない構えの英ジョンソン首相に対し、英国議会が義務付けた離脱期限延期の要請を認めた形だが、議会もＥＵもそれぞれの思惑があってのことであろう。

10月の初めには、英国とＥＵは離脱条件の修正で合意を見ていた。英領北アイルランドとアイルランドの問題についてである。その骨子は、北アイルランドは、ＥＵの関税同盟から英国とともに離脱するが、アイルランドとの国境には関税を設けない。また北アイルランドはＥＵのルールに従う。そして、英国とＥＵは関税ゼロで公正で開かれた関係維持には努める――などだが、中身については曖昧(あいまい)さが残り、英国の自主性が見えないとして、議会は納得していない状態である。

事の発端は国民投票の結果で離脱の方向が示されたことである。流入する移民による自国の労働環境への圧迫や、ＥＵ全体のルールによる、英国にとっては理不尽にも思える規制などに対し、国民の不満が一気に爆発した結果なのであるが、英国政府も、そうした不満の爆発に押され、理性的判断を失ったかのようになってしまった。そこに登場したのがメイ前首相だった。メイ氏はＥＵとの連携の重要性を訴え、さまざまな妥協案を進めてきたが、結局議会の理解を得ることはできず、退陣の憂き目を見た。しかし、ジョンソン氏の登場によって問題の焦点は変化し、英国と英領北アイルランド、アイルランドの関税問題に集まる結果になってしまったが、それも当然であろう。

アイルランドが１９３７年に英国から独立した後、英国に残った北アイルランドでは英国の統治を望むプロテスタント系住民とアイルランドとの統一を求めるカトリック系住民との対立が激化、60年代以降、激しい暴動やテロが勃発していたが、98年になって、かろうじて和平合意が成立した。もし、北アイルランドが英国とともにＥＵの関税同盟と単一市場から抜けることになれば、北アイルランド紛争の悪夢が再来するという意見もある。もちろん、ここには、地域政党や国民との思惑の乖離(かいり)が見え隠れしている。北アイルランドの住民は合意なき離脱を望んでいないというが、ジョンソン氏は自国のアイデンティティーと自主性を第一に掲げ、国民の同意を取り付けようとしている。しかしながら、国民の意志は離脱を選択した当初から現在も不変なのだろうか。国益とＥＵとの関係のそれぞれが特別扱いされることになれば、もはや合意は得られない。ビジョンをもってプライオリティーを付ける政策が必要なのである。その上で、自己利益だけを追求する政策は必ず破綻を来すことはいうまでもない。国益もそうだろう。

ブレグジット問題は、本来的に英国とEUだけの問題ではない。日本も含め、世界が共存していけるシステムの構築に参加していくことが求められているからである。その中で、国益や自己の利益をどう実現していくか。ブレグジットをめぐって、われわれに問いかけられているのは実はそうした問いなのである。


（２０１９年10月30日）

閉じる世界と開く建築

いま、世界各国で自国中心主義が目立ってきている。保護主義的な動きが加速している。米国と中国の貿易戦争に始まり、英国のEU離脱、スペインの地方の独立問題、ドイツやフランスなどでの右派勢力の台頭、また東アジアでは日韓関係の悪化、EUとロシア、中国関係、さらには北朝鮮問題など、世界的に自らを閉じることによって、自国の利益を守ろうとする動きが見られる。かつて東西ドイツを分断したベルリンの壁のような壁の建設が、米国とメキシコ国境で始まろうとしている現実がある。

一方、もはやグローバル社会の流れは止めようのない現実である。インターネットの普及は加速度的に進んでおり、さらに次世代通信規格である5G（第5世代移動通信システム）が普及していけば、高速かつ大容量のデータが一気にまとめられ、ビッグデータとして処理される時代だからである。まさに、開かれた環境に誰もが置かれるという時代なのである。しかしながら、この開かれた環境には、個別の能力の問題が付きまとう。能力の差異が大きな経済的格差や差別的環境を引き起こすことになるからである。

このような矛盾や格差社会のあり方が移民という人的大移動にもつながっている。そして、移民によって、自国の経済や労働市場が蹂躙されたという印象を受けやすい。そこで、自国の安全と利益を守るという一方的な大義が生まれ、容易に自国ファーストが受け入れられてしまう。こうした現象の連鎖が、必然的に保護主義を生み出してしまうのではないか。日本にもその危惧は残されている。いまや、こうした歯止めがかからない矛盾のサイクルが動き出してしまったといえる。

一方、こうした状況は建築界に何をもたらそうとしているのだろうか。都市や建築も同様な環境に置かれ始めているのだろうか。グローバル社会の大義を考えれば、現代という時代の要請は、むしろ多様性を尊重し、開かれた環境を目指す方向にある。しかしながら、経済中心主義社会は、人間の持つ精神的なつながり、ヒューマニティーを基本とする社会のあり方を抑圧し、自然観や生命観をも喪失しつつあるように思われる。

建築には、開く性格と閉じる（守る）機能があるが、もはや戦時体制を前提としたような要塞的都市や建築をつくる時代ではない。多くの知恵が交流する環境の育成が不可欠な時代にあって、より開かれた空間を目指すこと、すなわち多様性を認め合う社会の構築こそが優先すべき課題なのではないのか。

そして、そうした課題を共有することで初めて、格差問題を超える将来の社会への指針を見いだすことができるのではないのか。グローバル社会の多様性を尊重して歩むためには豊かさだけでなく、リスクをも互いに認め合う世界の構築に向けた努力が不可欠である。こうした考えの実効性を高めるためには、ＡＩ（人工知能）やＩｏＴ（モノのインターネット）などの技術を生かし、開かれた客観性を擁護する姿勢がとりわけ重要なのである。そのために、建築が社会インフラとして開かれた方向を示す必要がある。開くことと、守ることの矛盾を打開することが、すなわち建築の使命だからである。

（2019年12月23日）

ブレグジットなるのか

英国下院総選挙の結果、ジョンソン首相率いる与党・保守党が大勝して国内の膠着（こうちゃく）状態を脱し、いよいよ２０２０年1月末には英国のＥＵ離脱が現実のものになる見込みだ。

しかしながら、実際のところは保守党の大勝というよりも労働党が、その地盤とされていた英国北部や中部の工業都市で予想外の敗北を喫したからともいわれている。

なぜこのような結果になったのか。16年に行われた国民投票でＥＵ離脱を選択したのは英国民であった。もともと、英国はスコットランドの独立志向や英領アイルランド問題など多くの国内問題を抱えていた。さらに、ＥＵからの漁業権や工業製品に関する制約、移民による安価な労働力など労働者の生活を脅かす事態も顕著になり、そうした不満が国民投票で爆発したのである。

しかしながら、一時の激情は長続きするものではない。結局離脱という選択に賛否が渦巻き、野党・労働党はもちろん与党の中でも意見が割れ、メイ前首相が模索した離脱協定案はことごとく拒否され、メイ氏は退任の憂き目を見ることになってしまった。

もちろん、離脱関連法案が英国議会を通過したとはいえ、離脱後の通商交渉などの移行期間は延長しないといったジョンソン流ハードブレグジットに対し、自身も問題を抱えていて一枚岩とも言い難いＥＵ側もどう対応するのかは不透明だ。20年1月末までのわずかな期間にどこまで課題整理と合意が進むのか、いまだすべてがクリアになっているとは言い難い状況であるという。

いずれにせよ、EU離脱は始まりでしかない。英国、EU双方にとって、急激な変化による困難な問題が予測される。それらの解決は、今後の両者の努力によるとしても、20年中にその道筋を明確化することは難しいのではという声も聞かれている。例えば改めて、両者の間でFTA（自由貿易協定）を結ぶことになるが、北アイルランド問題やスコットランドなどの意向がどこまで反映されることになるのか、多くの課題は残されたままである。

このような英国の迷走はいかなる結果をもたらしてきたのであろうか。英国を愛する筆者の思いは複雑である。EUという協調のシンボルを失い、再びかつての大英帝国を目指すのだろうか。

しかしながら、いまやEUはおろか、世界はグローバル社会の中にあって、新たな展開を模索している。まさに協調と多様性を受け入れる世界調和が求められる時代に、一国だけの孤立主義を追求することはできない。

翻って日本は、英国の国民投票から始まった「混乱と迷走」の根底にあるのはどのような現実なのか、そして英国はそこから何を学んだかについて知るべきだと考えている。

英国と日本。双方とも島国であり、大陸の東西の両極に位置する二つの国は、世界の端部にありながらも、存在感をそれぞれに示してきた。しかしながらそれも変わり始めている。

今回のブレグジットは、その混乱ぶりも含めて、時代の一コマとして歴史に刻まれることになるだろう。

（2020年1月7日）

ついに英国EU離脱

2020年1月31日、英国はEUを離脱したが、来るべき時が来てしまったという感慨がある。混乱の末、ジョンソン首相は決断を下した。同時にジョンソン氏は、離脱派と残留派との間に広がった国内の分断の修復に全力を尽くすと宣言したが、問題はそれほど容易くはない。単に関税や漁業権の問題だけではなく、移民の流入問題など、EUの枠組みに入ってから英国は多くの利益を失ってしまったという国民の危機感が投影されたものだからである。そうした危機感はひいては、EUの理念、すなわち共同体によるグローバル時代の世界戦略を大きく後退させることになる恐れがある。

一方、EUをけん引してきたドイツやフランスはいまだ関係の修復を願っている。単一市場という関税同盟の大きな一角が崩れてしまうからである。今後、英国はEUとのFTA交渉に臨むことになるが、双方の考え方が大きく異なる以上、12月末までの移行期間内に交渉がまとまる可能性は低く、多くの問題を抱えたままの船出である。

さらに懸念されるのが、英国を構成する各国の帰属問題である。すなわち、イングランド、スコットランド、ウェールズ、そして北アイルランドによる連合王国(UK, The United Kingdom)が英国なのであるが、そのことが今回のEU問題を複雑にしている。例えばスコットランドは国民投票ではEU残留を支持しており、今回の離脱を受けて、改めて独立を目指すことを表明している。

さらに複雑なのは北アイルランドの問題である。北アイルランドはアイルランドが英国から独立する際、英国への帰属を選んだ地域であるが、その帰属をめぐっては、英国とアイルランドの間で1960年代から絶えず紛争が続いてきた。98年のベルファスト合意でようやく和平に至り、現在は散発的な暴力事件はあるものの、北アイルランドとアイルランドの国境には検問所などはなく、自由なビジネス活動ができる状態になっている。英国のEU離脱後も、北アイルランドは工業製品や農産品などについてはEUの規則に従い、単一市場にとどまることができるというが、もし、そうした自由が制限されることになれば、かつての紛争時代に逆戻りしかねない。

ここで注目したいのは、EUと英国、そして英国とイングランドなどの各国との関係が相似的であるということである。ここでは、連合体の理想や思惑と、その構成員のアイデンティティーの問題が利益相反のようになってしまっているのだ。すなわちグローバル社会とローカル社会の対立である。

同様の状況は世界各国でも見られることだろう。いうまでもなく、日本にもそうした状況が見られるが、現代はグローバル時代であり、自国あるいは自らの地域だけで自立できる時代ではない。そうした現実を考えれば、国や地域としてのアイデンティティーを持ちながら、世界に大きく開かれていくことは一つの必然である。共同すること、連合することの重要性とその難しさを、今回のＥＵ問題は教えてくれた。

（2020年2月13日）

学問の自由めぐる問題

日本学術会議の任命拒否の問題は「学問の自由」とは何かが問われた問題である。学問とは、自由なテーマと精神環境を前提とし、その成果が人類の発展に貢献することは自明である。行政改革も結構だが、学問の自由と多様性までも、政治の枠組みに組み込もうとする「国家のあり方」が問われる事態に発展した問題であるように思う。

日本学術会議については、省庁再編が議論された行政改革会議の最中の１９９７年に廃止論が出たことがあったと記録されている。学術会議が会員の単なる「ステータス」や「名誉職」であること、加えて「閉鎖性」も指摘されたという。また、この数年間、学術会議から政府への答申がなかったという誤った指摘もあるようだが、そうした一方的に短絡した意見があるとしても、いまだ明確な説明もないままであることを考えれば、政府の感覚の異常さには驚きを禁じ得ない。

菅内閣になって、急に会員候補となった6人の任命拒否問題が浮上してきた。日本学術会議は政府が所轄し、公費が投入される国の機関である。国の機関であるから任命を拒否することができるということなのだろうか。そこに政府の思い上がりがあるように思える。政府がすべてを支配下に置くことがあたかも責任を取ることのような錯覚を持つに至っている。

日本学術会議という組織には、幅広い分野による横断的な議論を通じて、「多様な見識」を示すことで、国の進路を適切に導くという存在理由がある。無論、答申や提言をどう扱うかは政府の側の問題であるが、その際、学術的価値に対する敬意と独立性は担保されなければならないのはいうまでもない。

一方、欧米の学術会議に相当する組織の多くは、政府から独立した団体として活動していると、自民党の下村博文政調会長が述べている。高い独立性が担保され、政府への提言など自由な環境がつくられているアカデミアの存在を指摘しているのであろうが、いまさらともいえる当然の話である。

いま、与党の政調会長がこうした見解を述べること自体が問われなければならない。学術研究は民間の立場では叶わない部分があるのである。それ故、公的資金の投入が不可欠であるということがなぜ理解できないのか。その鈍感さには驚くほかない。問題は法的、経済的な側面にあるのではなく、学問の自由を侵そうとしているのは誰かということなのだ。

大学などの研究機関も独自にさまざまな改革を行っているが、領域横断的に、多くの優れた学者を集めた日本学術会議の存在意義は計り知れない。日本最高の英知を国家のみならず、国民のために生かすためにもその存在は不可欠である。

83年、当時の中曽根康弘首相が国会で「政府が行うのは形式的な任命に過ぎない」と発言したが、その真意はどこにあったのか、政府の怠慢の誹りは免れない。

日本の建築界を代表する日本建築学会にとっても他人事ではない。声を上げて、日本学術会議の存在意義を広く擁護すべきだろう。こうした問題は建築学会自身の問題でもあるのだ。

（2020年10月19日）

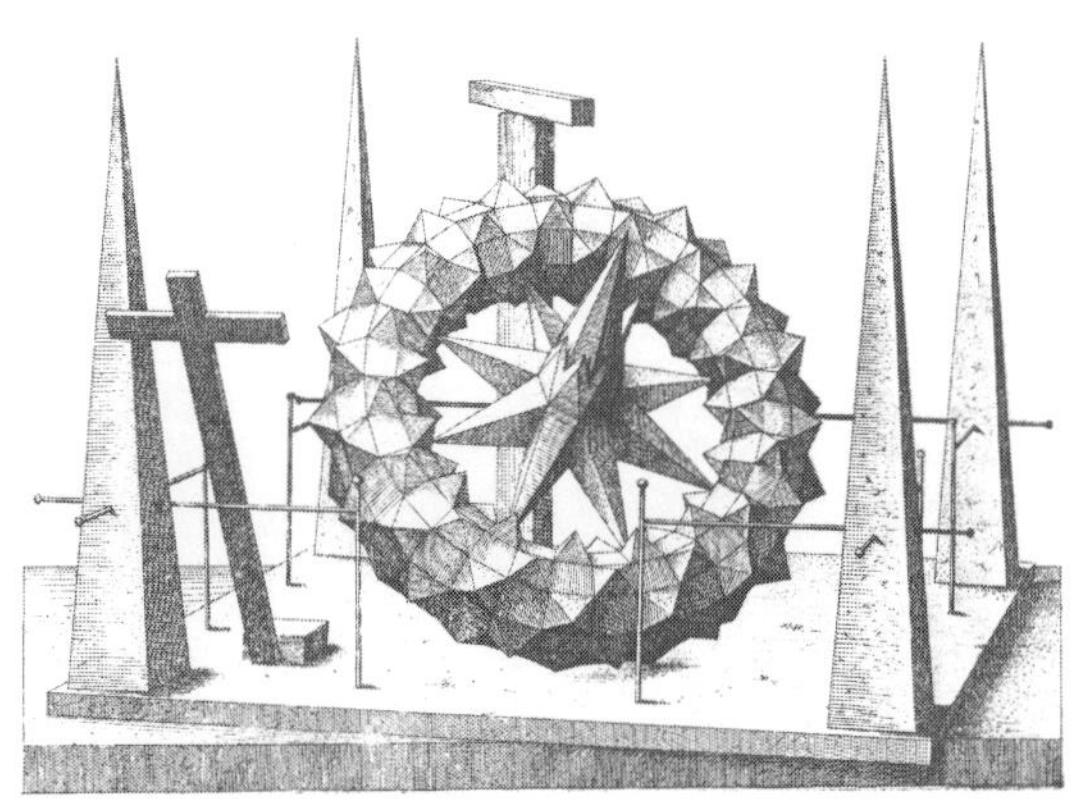

第4章

精神の充溢を求めて

技術、情報そして、資本

いまからちょうど500年前の1517年の10月31日、当時神聖ローマ帝国領内のドイツで、マルティン・ルターという一人の修道士が、ローマ教会に対する「95カ条の提題」を教会の門扉に貼り出したという。「贖宥(しょくゆう)の効力を明らかにするための討論」として提起されたこのちっぽけな掲示がキリスト教の歴史を変える事件、すなわちカトリック(旧教)からプロテスタント(新教)が誕生した宗教改革の始まりといわれている。この日は、当時のローマ・カトリック教会という政治や経済のほか、すべての社会的システムを支配していた巨大な宗教システムに立ち向かった象徴の日である。

なぜ一人の修道士の提題が世界的な宗教改革へと連鎖していったのだろうか。提題に示された改革に向けた目標と、社会的背景があったのはもちろんだが、最大の要因は当時の先端技術による後押しであった。それは、15世紀のグーテンベルクによる活版印刷術の発明である。1枚の版木による原始的な印刷ではなく、組み替えや構成が自由に行える活版印刷はその利便性と手軽さによって、一気にヨーロッパ中に伝搬した。くすぶり続けていたカトリックの教義の世俗性についての不安に対して、聖書の本意に立ち戻ろうとするルターの提題も、印刷術という情報伝達の手段を得て一気に拡大したのである。

現代社会はインターネットの時代である。デジタルネット社会という情報社会の出現とその驚異的な技術的進化は15世紀の印刷術とは比肩すべくもない。しかしながら、飛躍的な技術革新にとって問題なのは、技術が人間自身の精神の成長に寄与するかどうかということである。その疑問に技術は応えているかという問いである。物欲やスピード向上など、人間の欲求には応えても、精神を豊かにする対象に迫り得ているのか。技術のための技術では、屋上屋を重ねるようなもので、技術的な工夫はあっても精神の豊かさに迫る世界は見えてこない。

世界的経済学者であるソースティン・ヴェブレン（1857−1929年）の考察にもあるように、技術の進歩は技術の蓄積により、資本の性格をも変え、経済の仕組みにも迫るという。確かに、技術は経済を発展させる資本を生み出すことはできた。では、精神的豊かさを生み出す社会システムという人類の大きな目標への道筋を提供することができるのか。

人間は、技術先行の社会の中で、自らの方向を見失いかけているのではないのか。SNS（ソーシャル・ネットワーキング・サービス）の乱用がさまざまな犯罪や混乱、そして目標なき情報の拡散を引き起こしている。何のための技術かを考えることなく、身近な経済的有用性が多くの現実・理想を隠蔽（いんぺい）し始めるのである。そうした仕組みを構築している現在という時代性がある。資本という概念が経済的世界を超えられるのか。その問いに応える対象を持つことが可能なのか。

現代社会は、そうした問いに対し、技術の進化と情報の拡散に何を期待することになるのか。社会の変革・価値の変容を成し遂げたルターの宗教改革から500年目の今日、目標なき時代の課題は深刻である。

（2017年11月9日）

使い捨て文化

20世紀の経済成長期に見られた「スクラップ・アンド・ビルド」は次第に影を潜めてはいるが、日本の文化の根底には「更新の精神」があって、常に新しくすることが習わしとなっているためか、その構造は変わることはない。平安京、平城京の遷都思想や伊勢神宮の遷宮思想などもそうした更新の文化を表している。

古いものには汚れ（けが）が付いており、それらの汚れを洗い流してから受け継ぐことがよしとされる考え方がある。「過去を水に流す」あるいは「不浄」という仏教用語にもあるように、汚れたものや過去の出来事などを清算して、新たな歩みを始めることこそ浄土への道であると考えられてきたのである。

ところで、日本の現代社会にもその精神は受け継がれているのか。日本の都市文化の変化や急速な変貌ぶりを見れば、その傾向は否定できない。いや、むしろ世界規模で現代文明そのものが、激しく「消費」や「蕩尽（とうじん）」を繰り返し、グローバル化の中、モノ、カネ、そして人までが消費され、挙句の果てに「使い捨てられる」という結末を迎える。

『ローマ人の物語（1～15）』（新潮社、1992～2006年）などで有名なイタリア在住の作家・塩野七生氏が嘆いておられたように、現代社会では人すらも使い捨てにされる。どのような著名人であっても、その人が現役を退いたり、亡くなったりすれば、たちまち忘却の彼方に葬られるという。また、国や地方自治体の首長が代われば、政策が一変することは誰もが経験しているだろう。「消費される文化」が「経済成長」というスピードに同化し、その結果、すべての事象、すなわち人までもが消費され、使い捨てられているのである。

変化、変わるということは、過去のすべてを消去することなのか。更新することは、過去の清算なのか。不浄の精神は、すべてを改めることなのか。いまその問いに応える姿勢が問われている。

現代社会があまりにも成長と変化に多くを求めて、消費し続けてきたことについて反省が必要なのではないのか。物的な消耗から、人の精神までをも消費するような事態を生んだ現代文明の過剰、蕩尽への懐疑がいま時代の狭間を彷徨い始めているように思える。環境問題や、持続可能な社会への関心の高まりは、そうした「使い捨て文化」への警鐘を表しているのだろう。

しかし、都心部では再開発の動きが再び活発化し始めている。その目論見は明らかに経済的成長である。過去の停滞から新たな可能性を引き出し、人を集めてにぎわいを生み出し、経済的活力につなげようとする。そこには過去を清算し、新たな仕組みと装いをもって、歩み出そうとする姿勢がある。強引といえば強引なやり方である。しかし、そうしなければ、過去を清算し新たなビジョンのもとに開発などできないのもまた事実である。その結果、「スクラップ・アンド・ビルド」は依然とどまることはないのかもしれない。

だが、その「使い捨て文化、更新する文化」が現代社会を加速させているという事態に対する懐疑が生まれている。その懐疑の原点を改めて考えておく必要がある。

（2018年6月5日）

スペインの深層

サッカー王国スペインに注目が集まっている。世界を代表するサッカーチーム、レアル・マドリード、FCバルセロナが活躍する一方、国内には常に政治的不安が付きまとっている。2018年6月には親EU（欧州連合）派とされるサンチェス内閣が発足、EUとの協調路線を打ち出しているが、国自体の政治的信用度は低下しており、ユーロ下落の一因にもなっている。また国内の混乱も収まる気配はない。独立運動が続くカタルーニャ地方だけでなく、北部のバスク地方も地域の個性は強固で、例えばサッカーチーム、アスレティック・ビルバオは地元バスク地方の出身者だけでのチームづくりを行うなど自らのアイデンティティーを遺憾なく主張している。

そうした混乱と個性はスペインの特色を極めて色濃く表している。1970年代にフランコ独裁政権の暗黒時代から立憲君主制に移行して40年以上が過ぎても、いまだ安定した政治運営には程遠い状況である。世界を闊歩（かっぽ）した大航海時代から常に、互いの個性の強さから混乱を引き起こしてきた。いうなれば、混乱は個性の裏返しでもあるのだが、それがスペインなのである。

過日、スペインから来日した画家の展覧会があった。その折、ともに来日した著名な美術評論家のトマス・パレデス・ロメーロ氏（スペイン美術評論家協会および国際美術評論家連盟スペインの会長）と話す機会を得た。スペインの画壇の奥深さはベラスケスをはじめ、ゴヤ、ピカソやダリ、ミロなど極めて個性的な作家を輩出し、それこそ世界の追従を許さないが、チリーダやゴンサレスといった彫刻家、また建築でもガウディ、カラトラバ、ボフィルなど、それこそ枚挙にいとまがないほど多彩な個性が輩出されている。その背景にはスペインという国の地理的条件や歴史的な栄枯盛衰、政治的混乱など社会の複雑さを内包しながら、常に自己表現とアイデンティティーを追求し続けている国民性があるのである。

ロメーロ氏と話をする中で、スペインの芸術家に共通する根源的姿勢は「情熱、感動、そしてミステリー」であると強調されていたことが印象に残った。確かにスペインは情熱の国であるが、それだけではなく、その奥底に眠るミステリーがあるからこそ、芸術だというのである。現在、経済的にはそれほど豊かではないスペインではあるが、その個性、アイデンティティーとは何かを知らされた思いであった。それが国の持つ文化の奥深さであろう。

日本も、スペインに勝るとも劣らない歴史と文化を持ち続けてきた国である。しかしながら、現在の日本は何を発信できているのだろうか。国会でも些末（さまつ）な出来事にまつわる中身のない議論を続けているありさまである。世界に冠たるフラットな、個性を持たない国になり始めている。フラットであるということは無関心の象徴である。誤解を恐れずにいえば、混乱が個性の裏返しとなるスペインの様相は単なる混乱ではなく、スペインという国における社会の深遠さに裏付けられたことなのである。
日本の現状を憂いつつ、ロメーロ氏の言葉をかみしめたい。

（２０１８年７月２日）

ゴードン・マッタ＝クラーク

いま、世界があらゆる分野で活力を失いかけているように感じる。では世界は、何に関心を見いだそうとしているのだろうか。その一つが過去の栄光の記憶ではないだろうか。そのわかりやすい象徴が、例えば米国の１９６０－70年代、アメリカン・ポップの全盛時代である。マリリン・モンローがセックス・シンボルとして世界を駆け抜け、キャデラックがハイウェー・ルート66をプレスリーの歌声とともに颯爽（さっそう）と走り抜ける映像は、いまでも筆者の脳裏に青春時代の記憶として鮮明に焼き付いている。絵画の世界では、アンディ・ウォーホル、ジャスパー・ジョーンズ、ロバート・ラウシェンバーグらによる、日常の生活の中の見慣れた断面を切り出して描くという新しい絵画表現がポップアートとして、世界を席巻し始めた時代である。

そうした影響下に育った若者がいた。それが43年ニューヨークに生まれたゴードン・マッタ＝クラークである。名付け親は画家であった父親の知り合い、ウォーホルだといわれる。建築家として当時の米国に新しい潮流を生み出していたリチャード・マイヤー、ピーター・アイゼンマンらとともに建築活動に関わっていたが、そうして出来上がった建築が、現実の社会の変化に応えていないのではないかという空虚感に堪え切れず、現実の風景や都市そして建築に風穴を開け、切り裂くという方法を用いて社会に強烈なメッセージを伝えようとした。多彩な活動の中でも、とりわけ彼の活動を象徴するのは「アナーキテクチャー」のグループとしての活動だろう。まさに、建築家という枠を超え、写真や文章、イラスト、彫刻などあらゆる表現媒体を通して社会に問いかけようとした。特に彼は「メタファー」として、空隙、隙間、余った空間、放置されたまま活用されない空間」に強く関心を持ち、物の完成した姿を捉えるのではなく、捉えどころのないものを表現することに努めた。

彼の生涯は、ある意味で破天荒な人生であったといえる。78年、活動を始めて10年にも満たないうちに、わずか35歳でこの世を去った。建築的な仕事として名を馳せたのは、作品『スプリッティング』(Splitting)に代表されるように、日常的即興性をインスタレーションで表した「ビルディング・カット」であろう。家や建築が現実の世界に根深く存在しているという事態に異議申し立てを行うべく、1軒の家を丸ごと切断し、家を構成するすべての関係性を切断、脱臼させるという手法である。切断の過程をすべて映像に残し、その過程そのものもインスタレーションとして提示したのである。

ゴードン・マッタ＝クラーク展が、いま東京国立近代美術館で開催されている(執筆当時。2018年6月19日〜9月17日)。アジアでは初めての回顧展であるという。筆者も初めて彼の全貌を目の当たりにして大変驚かされた。何よりも、10年にも満たない活動の濃密さに衝撃を受けた。建築家というよりもアーティストとしてのマッタ＝クラークの作品群は、現在の停滞している美術界、建築界に極めて刺激的な示唆を与えてくれる。

(2018年7月20日)

花火と行事そして建築

7月になると各地で催される花火大会は、日本の夏の風物詩である。

蒸し暑い日本の夏に一時の涼を求めて、川開きの節目のイベントでもある。打ち上げ花火のような、とりわけ大がかりなものは江戸時代になってからで、当時は現在とは異なるシンプルなものだったそうだ。その後、西洋の花火「洋火」に代表される炎色性材を用いたベンガル花火が導入され、今日の華やかな花火へと変わってきたのである。

花火はいうなれば、夜空を彩る光のページェントである。また花火という存在は時代の「象徴的出来事」には欠かせない役割を持っており、バルザックやプルーストらヨーロッパの文学者の感性を刺激してきた。

フランス文学者の鹿島茂氏の書物には、1889年、フランス革命から100年を記念して開催されたパリ万国博覧会に合わせて建設されたエッフェル塔を真っ赤に燃えあがらせた「洋火」の描写が、プルーストなどの書物からの引用とともに魅力的に述べられている。花火はフランスの歴史を彩る「象徴的出来事」の、まさに象徴として打ち上げられたのである。

日本においても、時代を象徴する出来事には夜空を彩る花火の存在が欠かせないと考えているのは筆者だけではあるまい。夜空に色鮮やかに繰り広げられる光のページェントは出来事の重大さを多くの人に印象付けることに大いに役立つからである。例えば日本でも、フランスと同じく89年、大日本帝国憲法発布を祝って、「和火」ではなく「洋火」が色鮮やかに打ち上げられたという(『花火─火の芸術』小勝郷右著、岩波書店、1983年)。憲法成立の詳細については触れないが、国家的事業完成の節目に花火が果たした役割は小さくないということだろう。また、戦後、日本国憲法施行の際にも祝賀花火が皇居前広場で打ち上げられた。しかもそれは、戦後初めて日本人のために打ち上げられた大きな花火だったという。

では施設ではどうだろうか。国会議事堂の時は不明だが、現在計画が進められている新しい国立公文書館および憲政記念館については、完成時にぜひとも「象徴的出来事」として花火を東京の夜空に咲かせてほしい。

なぜそのように思うのか。国民のありようを示す重要な憲法や公文書という存在に対し、知識はもとより、関心すら希薄な市民の注目を集めるためにも花火は有効だと考えるからである。情報ツールの多様化が進む現在でも、夜空と建築とを彩る花火の様子は人々の記憶に焼き付くことになるだろう。

市民革命を象徴するエッフェル塔はいまなおパリの、そしてフランスを象徴する存在である。そうした建築の歴史や記憶が時代を超え、広く市民の心に響き渡ることをエッフェル塔は極めて雄弁に語っている。

日本でも、そうした国家的事業の意義の大きさを広く印象付け、後々までも記憶につなげていくことは重要ではないか。そうした記憶を印象付ける方法として花火はふさわしいのではないだろうか。

夜空を彩るはかないページェント。たかが花火、されど花火なのである。

（2018年7月27日）

踊り場的思考

現在は景気の踊り場にあるとか、事態の進捗が小休止する状況を指して、踊り場にさしかかるという言い方がある。

踊り場とは、階段などの途中に設けられる転落の歯止めや方向転換を図る転換の場である。このような場所が、日常の社会活動の中でも重要な意味を持つことがある。エネルギーの補給であったり、一度立ち止まって考えたりするために、再考する時間的猶予を設けることを踊り場というのである。

さて、文法にも句読点がある。句読点のほかにも、感嘆符や疑問符、コンマ、カッコ類などをまとめて約物(punctuation mark　一般にはプンクトという)と呼ぶが、それらを巧みに用いることで文章の出来、不出来が左右されることも多い。

同様に、踊り場の使い方が、よりよい結果を導き出せる場合が少なくない。建築では階段の踊り場を指すことが多いが、設置基準ではなく、空間の意味をより豊かにして、さらなる発見や次なる展開への期待を示す役割である。空間に異質なレベルを挿入することで、さまざまな転換的仕掛けとして考えることが可能となるのである。

この「踊り場的思考」は現在のグローバル社会、そして「速度こそが優先される社会」においては極めて有意義な場所であろう。建築空間づくりにおいても同様である。単に建築の床を結びつける機能的意味だけではない。

踊り場を含む、建築の階段については過去の歴史の中で幾度となく考察されてきた。例えば、イタリアのルネッサンス期の偉大な芸術家ミケランジェロ・ブオナローティの階段へのこだわりを見ると、その意味の深さに感嘆してしまう。それが端的に表れているのが、フィレンツェにあるメディチ家のラウレンツィアーナ図書館である。また、初期のレリーフ作品『階段の聖母』の背景に見られる階段も、その思想を強く物語っている。階段の段床の変化がさまざまな表情を表し、そこに関わる人々の思いの変化が伝わってくる。階段や踊り場は単に上下に移動するための装置だけではなく、建築や都市の要としての役割を示しており、人間の複雑な感情の変化や機微を投影できる装置としてデザインされていることに注目したい。

いま何をすべきなのか。一度立ち止まってじっくり考えるためには「踊り場的思考」がふさわしいように思われる。いままで、都市や建築についての議論は常に装置としての対象が中心になってきたが、むしろ社会の多様な人たちのための空間づくりや一見無駄ともいえる仕掛けを考えることが大切なのではないかという問いかけでもある。いまや、建築と人間の関係は、途方もない未来を向いている。それは、ＡＩ（人工知能）やＩｏＴ（モノのインターネット）などの進化にも連動していよう。すなわち、現在は建築の思考がその踊り場に来ているということなのではなかろうか。

階段と踊り場の織りなす関係が示しているのは、一連の思考、思索の歩みの中で、踊り場に立ち止まることによってもたらされる、何らかの修正や新たな気付きの可能性である。

階段の踊り場にさしかかったら、考えてみてはいかがであろうか。

（2018年10月23日）

メダイヨンと輪郭

最近の異常な天候も落ち着いてきたが、異常な暑さや豪雨などの余波か、食欲が湧かないことがある。この時季、夜のパーティーや会合などではフランス料理が出されることが少なくない。それが最高のおもてなしだという意識があるのだろう。食欲が湧かない時には、出された料理の盛り付けやデザインについてあれこれ考え、気を紛らわせることにしている。

フランス料理では、フォアグラ料理が定番のように出されることが多い。その一つに「フォアグラのメダイヨン」というのがある。フォアグラを楕円型に整えたものだが、フランス料理では楕円形が用いられることが多いのだそうだ。メダイヨンとは、本来フランス語で楕円形のメダルやペンダントを指すのであるが、この形状は、フランスのあらゆる場所で用いられてきた。特に、バロック的な意味が濃厚なのである。完結した円形ではない、二つの焦点を持つ楕円という形状は、歪(いびつ)な真珠とも呼ばれるバロック建築の至る所に見ることができる。平面のパターン、天井、ペディメントなどに楕円形が多様に用いられ、当時の文化の奥深さを感じることができる。それぞれの時代の好みは、社会、科学、文学などの状況を反映して生まれるが、バロックという時代に好まれた楕円の存在は、今日のフランス料理にも色濃く残されているのである。

さて、このメダイヨンは、楕円形という形状もそうだが、それ以上に輪郭が重要なのである。メダルやペンダント、あるいは建築の形式においても、輪郭は内に込められた中身を浮き立たせる役割を担っている。その輪郭が、フランスという国のバロックの精神においては楕円形という形状を取り、現在も料理の世界に色濃く反映されているということなのであろう。一方、日本料理では、そうした強い輪郭を意識して料理を盛り付けるということは少ないように思われる。もちろん、西欧には強い輪郭を持ったものばかりがあるというわけではないが、例えば日本画の世界では朦朧体という表現方法がある。境界をぼかして、朦朧とした雰囲気を醸し出し、曖昧にすることが日本的な表現とされてきた。また、自分の意見をはっきり主張しないのは日本人の特質ともいわれてきた。

　では、輪郭が持つ強い主張はただ単に西欧的な価値観の表れでしかないのか。そうではあるまい。その意味するところの重要性を考えることも必要だろう。例えば絵画の場合、輪郭のない表現は作者の主張や意志に、何らかの曖昧さが見え隠れしているように思われることがある。そうした曖昧さの中にどれだけのメッセージを込めるかが一つの技量なのであろう。無論、輪郭のある表現も同じである。輪郭の中に何を込めて、どのように描くか。そこに輪郭のない表現以上に、表現力が問われることはいうまでもない。しかしながら、建築においては、輪郭こそが生命である。輪郭を持たない建築などあり得ないからである。際立った建築には、際立った輪郭があるはずなのだ。

料理から建築。この食欲の秋にメダイヨンの話でした。


（2018年11月15日）

理性と感情表現

英語でいう「feeling（情動）」と「emotion（感情）」の違いを米国の脳神経学者アントニオ・R・ダマシオは次のように説明する。「感情にはさまざまな種類がある。最初のものは、情動に基づいている。その最も一般的な情動は、喜び、悲しみ、恐れ、怒り、嫌悪であり、身体的反応である」。唐突な書き出しだが、人間社会の心の問題を表している。

時代の複雑さが人間の心の迷いと不安を助長させている。2018年末の株の乱高下、そして、政治力の低下などにも投影されて、理性と感情が分離的状況を呈し始めているからであろうか。世界の混乱も、そうした錯綜（さくそう）の結果を表している。米国、EU、シリアなどの中東諸国、そして日本をはじめとする東アジア諸国など国際的にも波乱に満ちた1年であった。国際的秩序をつくる理性的判断と自国主義を露骨に表現する分裂的混乱がまかり通り始めたのである。これからの世界秩序はどこに向かおうとしているのか。秩序は理性によって制御されるものなのか、感情とはいかなることなのか。年の始めにこのような思いを持った。

19年の年頭、10年ほど前に翻訳されたダマシオの手になる『デカルトの誤り』(筑摩書房、10年)を再読し、理性と感情の間に横たわる問題の大きさを再認識した。デカルトの理性批判ともいうべきもので、人間の適時、適正な意思決定においては、理性と感性・情動がともに必要であるとし、感情を排して理性的に意思決定を行うのではなく、感情とのバランスが重要であると指摘している。彼はデカルトの二元論を、人間の心を身体から切り離した理性中心主義として批判し、推論のプロセスへの感情・情動のあり方を説明している。デカルトの「理性」によって成功を収めてきた近代主義の中から、その対極にある感情・情動の世界が台頭し始め、世界は混乱の極みに陥っているのであろうか。

理性とは、物事を整然と考え、論理的に推断する能力であり、社会的文脈に個人を合理的に適応させる外在的思考の基礎である。一方の感情・情動とは、内在的な個人の心の動きの発露である。両者の適切なバランスが本来の社会的人間のあるべき姿を表しているはずだが、複雑・多様な「現代社会」においてはそのバランスを制御し、秩序を生み出すために必要とされる高度な政治がまったくといっていいほど機能していないのではないか。

最後に、ダマシオの言葉を引用してその核心に触れてみたい。

彼は身体性を有する心はその最も洗練された心のレベル、すなわち精神と魂を構成するレベルの問題であるとし、「人間の心を包括的に理解するには有機体的視点が必要であり、また心は非物質的思考（コギト）から生物組織の領域に移動しなければならないだけでなく、総合的な純身体と脳を有する有機体全体と関連付けられ、さらに物質的、社会的環境と完全に双方向的であらねばならない」と述べている。

これは建築界がいま問われている課題でもある。建築や都市は、人間社会の思考や行動を体現する存在だからである。ゆえに、建築や都市は政治的でもあるのだ。

（２０１９年１月25日）

人口論とは何か

日本ばかりではなく、人口減少に関する議論が世界の先進国では深刻なテーマになりつつある。歴史的に見ても、世界中の学者が人口に関してさまざまな論議を交わしてきた。

とりわけ古典として有名なのが、英国の経済学者マルサスの『人口論』（1798年）であろう。「人口は幾何級数（等比数列）的に増加するが、食料は算術級数（等差数列）的にしか増加しない」として、人口制限の必要性を説いた「マルサスの罠」はつとに有名だ。さらには、マルサスに遅れること70年、同じく英国の経済学者ジェヴォンズは、当時の主要な燃料であった石炭を題材に、将来、人口増加に比べて、石炭の使用量が幾何級数的に増加して資源枯渇の問題を生み出すと予測し、マルサスの罠を一般法則に拡張した「社会成長の自然法則」を唱えた。ジェヴォンズはその後、数学を駆使して限界効用理論を確立したほか、太陽の黒点の増減が気象に影響を与えて食物の作況を左右し、穀物市場の価格変動をもたらすという「太陽黒点説」を提唱したことでも知られているとおり、自然現象が人口の増加を制御している可能性について述べ、さらには自然と経済の関係についても論じている。

前置きが長くなったが、人口論は歴史上でも大きなテーマとなってきたことなのである。そして、現在われわれが直面している人口減少問題は、社会保障の限界とイノベーション（技術革新）という外的条件の問題を包含しながら、人口論に新たな課題を投げかけているのである。

しかしながら、デジタル社会への転換は、モノに支配されない無限ともいえる可能性がある。とりわけ、現代はマルサスとジェヴォンズの時代、すなわち石炭エネルギーが支えた産業革命の時代ではない。デジタル社会という、いわば21世紀の大革命の真っ只中にいるのである。楽観的にいえば、このデジタル革命は、あらゆる外的条件を突破する可能性を内包しているといえる。その最たるものがＡＩの出現である。ＡＩは今まで人間が構築してきた枠組みをことごとく突破する可能性を秘めているからだ。それにより、従来の規制や秩序、そして多くの制度そのものが意味を持たなくなる可能性があるのである。

悲しいかな、この現実をアナログ人間は理解できないところがある。デジタルの思考回路がスピードという概念を変えてしまったからではないだろうか。すなわち、瞬時に物事の判断をしてしまい結果を出すということである。アナログ人間のように悩み、紆余曲折を経て結論にたどり着く世界とはまったく無縁に、因果が極めて直截につながる世界なのである。

フランスの思想家ポール・ヴィリリオは、既にデジタル社会のスピード変革がいかなる様相をもってわれわれの前に立ち現れるかを予見していた。そして、いまやデジタル空間が織りなす変化の状況をただ傍観していることは許される状況ではない。人口論もデジタル社会の状況を踏まえて議論を進めていかなければ、現状を突破できないと考える。人口と生産力が連動した人口論は、もはやデジタル社会では成立しないという見解は、一層のリアリティーを持ち始めるだろう。

（２０１９年１月31日）

速度という新たな概念の出現

近ごろ、思い出すのは戦前の映画、チャールズ・チャップリンの『モダン・タイムス』(1936年)である。日本でも戦前の公開から戦後も幾度となく上映され、話題になった映画である。20世紀初めの資本主義による工業生産の現実を、笑いの中にアイロニー(皮肉)を込めた表現により風刺した作品である。まるで機械の一部のように働かされ続ける労働者の姿が描かれ、人間の尊厳が失われていることへの痛烈な批判が込められていた。

チャップリンが描くように、近代社会は人力を代替する機械化に加え、個々の人間の専門化や分業化によって極めて合理的に効率性を高めることで発展してきたのである。そうした発展のあり方を端的に言い表せば、科学の世界や哲学の世界でいう要素還元主義に帰着するだろう。デカルトは、精神と物質の二元論を唱え、人間の意識の発露としての情念を、要素還元主義的に捉えたのである。全体を小さな部分に分割して考えること、定量化をもって基準とするとしたことである。こうした概念こそ、まさに近代主義の根幹をなす概念となったのである。

ドラッカーは、そうした近代主義が持つ還元主義的世界観に対して、近代以降、すなわち「ポストモダン」の世界観を唱えた。全体が部分に分割され得るとしても、部分の単純な総和が全体を構成するわけではなく、全体とは部分の総計以上の創発的な何物かであるとして、全体性の分析を重視したゲシュタルト心理学に賛同し、「今日のあらゆる体系において中核となっているコンセプトは形態である」と述べたのであった（『テクノロジストの条件』ダイヤモンド社、２００５年）。

しかしながら、現代社会はもはやゲシュタルト心理学を超え、デジタル社会へと姿を変貌させている。無論、われわれの空間からゲシュタルトが失われることはない。したがって、いわゆるリアルな空間にデジタル空間が嵌入（かんにゅう）することになるのである。そのデジタル空間においては、「速度」（これは単に速さの度合いではない）という概念が加わり、日常空間での出来事が瞬時に決定されるようになったことは、ドラッカーにも見通せなかったのではないだろうか。

建築の世界やモノづくりの世界においても、そうした新たな概念により、相互嵌入的、領域横断的な事態が日常化し始めた。ＡＩやＩＴなどの技術革新によって、過去のそれとはまったく異なる世界の出現が可能になった。すなわち、情報が一瞬の内に隅々まで駆け巡る新たな世界の出現である。

管見の限り、社会の変質を「速度」の概念から説明したのは、フランスの都市計画家、思想家のポール・ヴィリリオ以外に見当たらない。彼の慧眼(けいがん)は事態の変化に気付いていたことは確かであると思われるが、現在のデジタル空間の中でこれほどまでに高速度で現象が生起するとまで意識していたのかは判然としない。

すなわち、いま現在、「速度」は距離や時間を超越したものになったのである。もはや物体のある地点から別の地点までの移動を測定する尺度ではなくなったということなのである。

（2019年2月26日）

なぜ、いま哲学なのか——技術という背景

21世紀も早18年が過ぎ去ってしまった。既に20世紀の残滓(ざんし)は薄らぎ、グローバル社会が現実化し、デジタル空間は現実の空間に溶け込んで多くの成果を生み出すなど、時代は激変する状況にある。ＩＴやＡＩ革命に代表される科学技術の革新が進み、生命科学もバイオテクノロジーとして大きく躍進している。さらには資本主義への懐疑など政治的社会的な変化・変容も生起し始めている。大著『21世紀の資本』を著したフランスの経済学者トマ・ピケティは、20世紀型資本主義の継続では、世界の経済的格差は解消することなくま

すます拡大するとしたが、その先の明確な答えが見えているわけではない。

21世紀へ突入して、あらゆる分野が変容を迫られている時、社会全般を視界に入れた哲学が浮上してくるのは当然のことと思われる。それは歴史が物語っていることだ。古くはアリストテレスの時代である。ソクラテスやプラトンの哲学の流れを汲む、古典ギリシャ哲学の一つの到達点であり、彼のかつての教え子でもあるアレクサンドロスの世の後、ヘレニズムへ向かう新しい時代の創成期であった。その後、活版印刷術の時代、16世紀の宗教改革に始まるさまざまな抗争、そしてルネサンスの発展を受け、デカルト、ヘーゲルなどによる近世哲学が現れた。やがて近世哲学は時代の変容に呼応してサルトルに代表される実存主義やフーコーらの構造主義が出現するに至った。

20世紀後半には建築の分野でも世界的潮流となったポストモダンやポスト構造主義、脱構築主義などを経て、21世紀にはフランスの哲学者らにより、メディアやテクノロジーを哲学の分野に捉える新しい領域に突入した。その代表といえば、やはりフランスのベルナール・スティグレールであろうか。ハイデッガーなどの影響を受けた哲学者であるが、今日私たちが関心を持つべき問題として、社会のコミュニケーションの立場から技術論を展開しているのには、注目しなければならない。

こうした時代の変容期には、常に技術の新しい展開が背景にあることを見逃すことはできない。今日の社会が置かれている状況は、まさに世界情勢、すなわち政治経済の混乱的な様相を受けて生じているものではあるが、その背後には社会のグローバル化がある。そしてそれを裏付けるのは、デジタル技術に代表される新しい技術革新なのである。さらにいえば、今日の社会の状況は技術革新に社会や政治が追従できていないことを反映しているのである。逆説的にいえば、技術革新によって政治経済が混乱・乱調を来している状況ということになるが、そういう時にこそそれを冷静に俯瞰(ふかん)し、次なる状況を模索するために哲学的思考が登場する必然が生まれるのである。

このことは歴史が明らかにしている。重要なことは、新たな哲学的思考には常に新しい技術革新の動きが存在しているのではないかということである。

その意味でも、常に技術革新が必要とされる建築の世界において現実を強く認識するためには、哲学の存在が不可欠なのであろう。

（2019年3月14日）

「春はあけぼの」——旬を瞬に生きる

清少納言の『枕草子』の名高い書き出し「春は、あけぼの。やうやう白くなりゆく山ぎは、すこし明かりて紫だちたる雲の細くたなびきたる」にあるように、日本において、春は四季の始まりである。1年の幕開けを歌い、希望の予兆を示し、すべての始まりを祝う。人間の営みを光や雲のたなびく自然の景色に準(なぞら)えて見る日本人の感性は奥ゆかしいものである。この印象的な一文を目にするだけで、現代社会が忘れている感覚がよみがえるかのようだ。春という季節感を表す「日本の言葉」である。

さて、4月になると筍(たけのこ)のシーズンがやってくる。筍が味わえる時季を迎えたという感覚で、生きる喜びを改めて呼び起こされるような気持ちになる。大げさなようだが、まさにその時にだけ、「一瞬の季節の喜び」を味わうことができるのである。いや、できるというよりは、その一瞬にしか味わうことができないのがそうした喜びなのである。筍のシーズンが到来して、一瞬の時を楽しむ。いわゆる旬とは、一瞬の時を味わうことなのである。逃すことのできない一瞬を読み取る価値が表されている。

ところで、現代社会に生き、現代都市で活動するわれわれは、現代建築を愛しつつも、時の移ろいや変化、そして食などに表れる旬=瞬を忘れていることに驚かされる。現代社会の様相は、驚くほどの速さで変わりつつある。IT革命、AIの浸透といった技術革新、そしてグローバル社会に生きる現実など、地域や時間を超える変化とそのスピードが、現代の都市や建築にも乗り移り、動きを止めることはない。

人類は自らの限りない欲望を満たすために、次々と新たな欲望充足マシンを開発・発見し続けてきた。そして今なおそれを続けている。都市や建築には、常に利便性や快適性を求め、その解答として、機械的解決に多くを頼ってきた。オフィスの中は、一年中同じ室内環境に整えられて、快適性が維持されている。そうした環境の中、ワイシャツ姿で仕事をすることが最適なワークスタイルであるという観念が身に染みついてしまっている。このように、社会の歯車が一たび巡り始めると、その仕組みや装置に依存してしまうことになり、結局歯車に同調せざるを得なくなることがある。「人類の進化」の中の大いなる矛盾でもあるが、そうした進化があればこそ、現在の都市や建築、そして生活が存在するのである。

では、われわれの感性と美意識はどこから生まれ、どこに向かおうとしているのだろうか。デジタル社会の中に生きる現実があるとしても、われわれと自然との関係は不可分のものであることを忘れてはならないだろう。四季の変化の中の一瞬ごとに生きることの意味である。食でいう旬とは、移り行く自然の一瞬一瞬の時と形が体現したものであり、人間の生きる原点なのではないか。旬を瞬に生きること、それが自然の醍醐味ではないだろうか。

時として、現代社会はこうしたことを忘れてただ受け身の現実の中に生きようとしている。一瞬の時の変化を取り入れる鋭い感性の表れを「春はあけぼの」に思う。

（2019年4月1日）

現代社会と生物の多様性

現代社会の複雑さは、まさに多様性を表している。

グローバル社会、サイバー空間、ITやAIによる社会変革など、われわれを取り巻く環境は、複雑さの度合いがますます増加しているが、それとともにさまざまな考え方や意見の多様性も計り知れないほど広がり続けている。われわれ人間はそうした状況をどのように受け止めているのだろうか。そうした複雑化し、多様性に満ちた環境に対し、自らの生き方をどのように適応させるべきなのか、未知の状況に直面している困惑の中、選択を迫られている。

このことは、人間と自然界との関係においても同様であろう。人間は自分たちが優位な立場にいるかのように世界を見ているが、本来は人間も自然界の一部であり、生物としての優劣はない。そうした関係を再認識するために、生物の多様性との関連において、人間の進化と営みについて考える必要がある。しかしながら、われわれは生物多様性の重要さを理解はしていても、現実のさまざまな問題について知り、同時に対処することは困難だと考えがちである。

そうした認識に一石を投じたのが、英国のヨーク大学の生物学者、クリス・D・トマス教授である。生物の多様性と変化、特に、外来生物との関係を論じた教授の近著『なぜわれわれは外来生物を受け入れる必要があるのか』は、筆者の疑問に大いなる示唆を与えてくれた。

教授によれば、現代は過去のどの時代よりも新種の生物がより早く、しかも多様性をもって生まれており、われわれはこの事実を明らかに見落としていて、大量絶滅によるロス（失うもの）の方向にばかり気を取られ過ぎているという。地球上の生物の多様性は、ロスだけでなく、ゲイン（得るもの）とのバランスによって決まっているという彼の指摘には説得力がある。

また、教授は長期的に見れば「生物の多様性の発生は進化に依存する」という。そして、過去を含めて6度目の大量絶滅期とされる現代を「著しく急速な絶滅の時代であることは確かである」としながらも、「私たちは新しい個体群、系統、種が急速に形成される時代に生きている。結局、人新世（じんしんせい）の生物学的大変動は、ほぼ確実に6度目の新たな生物多様性の創出を意味する。それは過去5億年で最大の進化による多様性の加速かもしれない」として生態学的な動的変化の重要性を説いている。

特に筆者が関心を持って読んだのが第10章「人類も自然の一部である」だった。冒頭、19世紀の英国の作家オスカー・ワイルドの「自然が快適だったら、人類は建築など発明しなかっただろう」という言葉が紹介されている。

ワイルドは人間と自然を区別するが、本質的に人間は自然の一部であり、生態系への人間とそれ以外の影響を区別することはもはや不可能である。仮に、人類がいなくなっても、かつての地球に戻ることはない。「進化」の意味がそこにはある。大胆な仮説の裏に、哲学と信念を伴った実証性が読み取れて、関心が掻き立てられる。

(2019年4月22日)

令和の始まり

30歳以上の人は、昭和、平成を生きてきた人だ。その時代、社会を体感してきた人の多くが令和を生きることになる。いま日本にだけ残る元号という仕組みは、われわれ日本人の感性になじんでいる。あるスパンをもって時代を区分する仕組みは、人間の思考にもなじみやすいのであろう。

昭和の時代は、まさに戦後復興と成長・発展に象徴される。脇目も振らずに頑張ってきた時代であった。世界に伍する経済成長を達成し、欧米に対する劣等感を払拭してきたことは事実である。日本という内側から世界の様子を眺め、目標とした頑張りが時代を成してきたということができようか。建築界では、丹下健三という稀有な建築家の時代であり、超高層建築第1号、そして東京オリンピックを前にした新幹線や高速道路の建設などがあった。それらは、必ずしも世界との真の競争でもなければ、世界に同和したことでもなかったが、復興・成長という目標を達成し、日本に新たな自信をもたらした時代だった。政治が強く目論んだ成果でもあったであろう。

次の平成は、読んで字のごとく平和を成し遂げた時代である。がむしゃらに働いた昭和に対し、平成は、安堵とともに過ごした時代だった。しかしながら、昭和のバブル経済の反動がデフレ経済を蔓延させ、シュリンクすることを余儀なくされた時代でもあった。建築でいえば、丹下時代の挑戦的なテーマは影を潜め、やさしさや絆、仲間との協調が前面に出た時代である。大震災などの自然災害や大事故など人知も及ばぬ事態が多かったせいでもあろうが、挑戦的テーマは潜在的にタブー視され、細部に関心を巡らす傾向が顕著になり始めた。住宅建築はもちろん、大型の建築においても、大胆な、時代を動かすような構想力が前面に出ることもなく、平穏に収まる民主的な建築が平成という時代をつくってきたように思う。ただし、真に開かれた建築や都市の姿は見えてこなかった。何よりも政治的不毛の時代を象徴していたことが大きな特徴だと思う。

さて、新たな令和に何を期待するか。グローバル社会の競争真っ只中の世界で日本がどのように生き継いでいくのか。その展望はいまだ、まったくといっていいほど政治の世界からは見えてこない。かつての大企業も世界競争の中では、ことごとく敗北を喫し、無残ともいえる状況である。新しいデジタル空間を先導できる環境と、成熟社会にふさわしい人間に寄り添った生の空間のありようが問われてこなければならないだろう。それがあって初めて、この両者をしなやかに結び付ける空間や環境とは何かの模索が始まるはずだ。

では、そこで何が問われるのか。何よりも政治の展望ではないか。そうした展望こそが建築家を動かして未来の姿を描くのである。令和の時代をどのように構想し描くかは、世界の中での次の日本の立ち位置に関わることだ。グローバル社会は世界の均質化ではない。日本の独自性、存在感を示しつつ、グローバルに生きることが必要なのだ。令和をどのように生きるかは、政治とともに建築界の大いなる課題でもある。

（2019年5月8日）

日本人という存在

大それた表題だが、このたびの改元と新天皇即位に際して、さまざまな伝統的な儀式がこの現代社会に執り行われたという現実、そして、即位の一般参賀に参列した14万人という圧倒的な数字に驚くと同時に、日本という国の天皇制に対する思いと特異な存在性について考えさせられた。

グローバル社会の中、いまや世界のどの国も、自らの独自性だけでは生きていけない時代である。そうした現実を多くの人たちが体感している。AIやIT技術の進展による利便性を享受しつつも、デジタル空間の中で多くのデメリットも感じながら日々悪戦苦闘しているのである。経済ばかりか政治や文化までもがグローバル化している上に、スマートフォンによるパーソナルな伝達手段が日常化したことで、自国の伝統文化や慣習、作法といったものが、表面的には遠のきつつある時代である。

しかしながら、新天皇の即位に伴うさまざまな儀式に多くの国民の関心が寄せられた。霊長類の優れた研究者でもある京都大学の山極寿一総長はこうした現実について、「日本人の暮らしが、私たちが意識しているよりもずっと伝統的な意匠や意識で形づくられているからだ」と指摘しておられた。さらには「万物に神性が宿り、どんなものにでも心があると見なす日本的な感性が、人形やロボットとの共生を支える」ともいう。果たしてそうなのかと感じる部分もあるが、そうでなければあの大規模な皇居への参賀は考えられないとも思える。ゲーム世代の若者が大勢参列する姿には違和感さえあるが、日本人のＤＮＡに組み込まれた無意識の感覚なのか。改めて日本人のアイデンティティーを考えさせられることになった。

ロボット工学の専門家である大阪大学の石黒浩教授によれば、ＡＩなどを搭載してロボットを限りなく人間に近付けることは可能だという。その上で、最後に人間と等価にならない部分があるとすれば、それこそが人間の本性ではないかという。ではその限られた人間の本性の中に、日本人の伝統などの感覚や能力が刷り込まれているということなのだろうか。日本人は工芸などの分野で世界を驚かせてきた。木造建築はいうに及ばず、陶芸や漆器、織物、刀剣類など、巧みな技は現代にも通じる。そしてその成果は工業製品にも表れている。

しかしながら、いまやＡＩ、ＩＴに代表されるアナログ的世界とは次元を異にするデジタル・グローバル社会である。やがてはロボットが、人間に代わって多くのことを成し遂げることになるだろう。もちろん、すべてをデジタルに置き換えることは容易ではないはずだが、その前に、日本人はそうした感性や能力を永続的に持ち続けることが可能なのか。AIと人間の境界が問われるところである。

即位にあたって、不可解な人間の思考や行動に改めて驚かされることになったのだが、建築界に身を置くわれわれにとっても、改めてこのAI、ITの時代における思考や行動、そしてそれらが生み出す現実を考えることの意義を再認識することになったと思う。

（2019年5月22日）

時代を読み取る——レイヤー的思考

「人間は考える葦（あし）である」とは、フランスの哲学者ブレーズ・パスカルの『パンセ』の中の有名な一文である。哲学者としてだけでなく、17世紀のフランスにおいて数学者、思想家、宗教家など、多彩な才能を発揮したパスカルは、哲学的思考の中に数学や物理的合理性を持った感性が輝いた、哲学の領域を超えた思想家である。彼のいう「葦」という言葉にはその輝きがある。葦は風雨に時に翻弄（ほんろう）される。人間の弱さ、儚（はかな）さを表す言葉なのであろう。人間が考えるという根拠の儚さ、そして根拠を持ちにくい思考という概念の危さをいう。

それでも、葦は時に風にしなやかに対峙する。そこに変化することの意味を考える。すべての事象には変わることが常に並行する。絶対的指針を持たぬ流動性とは、常に儚い存在である。

パスカルの言説には考えることに対する示唆が含まれている。それが思考の層（レイヤー）である。

思考のレイヤーは一定なものではない。ある仮説は、複数の思考のレイヤーに立脚して存在し、一つの世界を表すことになるが、レイヤーはその仮説以上に状況に応じて変化する。つまり、レイヤーとは、例えばある仮説や思考の構築を考える時に、それ自身を通じて世界を見る、あるいは透視するためのフィルターのような存在である。そして、思考のレイヤーは常に多層的である。世界は複雑で、多層的構造の上に成り立っているからである。

ますます複雑になる世界を読み解く方法として、建築や都市論においてもレイヤー的思考は極めて有効だ。

例えば、現在の社会におけるグローバル・デジタル空間と多様なモノが存在する現実空間、そして人間にとって根源的な自然との関係を考えてみよう。すなわち、グローバル・デジタル空間がバーチャル、現実空間がアクチュアル、そして自然、すなわちナチュラルの三つの概念フィルターがあると考えられる。それらを一まとめにしたものが一つのレイヤーになる。さらに、これからの日本の社会の変容を考えれば、少子高齢化と人口減少、成熟社会という状況を捉えるためのレイヤーが必要だろう。それは、健康、教育、そしてエンターテインメントの三つの概念フィルターから成る。

健康とは、医療や福祉の問題だけでなく、日常の体力づくりや快適に過ごす環境をいう。教育とは、学校教育や研究活動にとどまらず、世代を超えて、人間の豊かさを育む環境の創出を指す。そして、エンターテインメントは、娯楽のほか、人間にとって心地よい環境とは何かをイメージすることである。この三つの概念の総和を一つのレイヤーとして描いていく必要を感じている。

しかしながら、このようなレイヤーの設定はあくまでも一つの考えであって、より大きな仮説という目標に向かうことが重要なのはいうまでもない。思考の立脚点としてのレイヤーについて、激変する現代社会を読み解き、仮説の実証性を明らかにする方法、そしてパスカルのいうように、人間の思考の脆弱(ぜいじゃく)さを克服する方法の一つとして示してみた。

（2019年5月30日）

新たな状況へ

いま現代社会に問われていることが、新しい哲学の創出だといわれる。革新的な変化に対し、進路を模索するための羅針盤となる存在だからである。インターネット、デジタル時代に生きている現実。その進化の結果がいかなるものであっても、もはや後戻りはできない。情報伝達機能に優れた現代社会は、その一方で、技術的不備による弊害や悪用による悲劇的出来事を生み出している。

もちろん建築界もその恩恵に与り(あずか)ながら、その今後に大いなる期待を持って動いている。しかしながら、方法論や手法など技術的側面への関心が強く、問題の根拠となる「存在の意味」については閑却されているように思われる。だからこそ、そこに哲学の存在が求められる理由があるのだ。

そもそも、デジタル時代の到来は、論理学的発想に端を発する。すなわち、哲学的洞察が機械的な仕組みに変換された結果が今日のデジタル空間ということなのだ。だからこそ哲学なしに現在を語り、有効に現代社会に与し(くみ)ていくことはできないのである。

こうした現実を読み解くためにマルクス・ガブリエルの『なぜ世界は存在しないのか』(講

談社、2018年)を読んで大いなる示唆を受けた。さらに、NHK・BSで話題になった番組『欲望の民主主義』『欲望の資本主義』を企画・制作した丸山俊一氏の『マルクス・ガブリエル　欲望の時代を哲学する』(NHK出版、18年)も、ガブリエルの思想をわかりやすくまとめた書籍であり、そこには、現代社会が抱えている複雑さを読み解く哲学の姿が示されている。

さて、話題になっているマルクス・ガブリエルは若き天才哲学者として令名の高い、ドイツ・ボン大学の教授である。彼の哲学的思考は、丸山氏が「臨床哲学」と形容するように、さまざまな社会問題に対して、軽やかなフィールドワークでアプローチし、それらを解きほぐそうとするマジシャンのような存在といえようか。現代という複雑で、矛盾や憎悪に満ちた社会からいかに自由を獲得するか、その方法を示そうとしているからである。

もちろん、従来の哲学もその問題を模索してきた。歴史的に見れば、サルトルに代表される実存主義、そしてレヴィ・ストロースが先鞭をつけた構造主義、さらにデリダやフーコーらによるポスト構造主義という哲学の流れは、丸山氏の言葉を借りれば「強固な構築物たる『近代』」に対峙する、いわば精神のパースペクティブであろう。そして、その先にガブリエルのいう「新しい実在論」が位置付けられる。すなわち近代＝モダン、そして近代「後」、すなわちポストモダンのさらに後を生きる思考のあり方を示している。

彼の言葉で印象に残ったものがある。「意味の場」という言葉である。意味の場の中で対象は認識される。それはいわば思考のレイヤーである。その多重・多層な意味の場の存在こそが、われわれの存立基盤なのだという感覚である。このデジタル時代、建築界の無自覚な動向にくぎを刺すというわけではないが、哲学なき疾走の先に見えてくるのは、人間不在の建築の姿ではないかと心配する。

（2019年6月10日）

川・橋・景観

外国人でにぎわう浅草周辺で、隅田川にかかる橋の魅力に注目が集まっている。とりわけリベットを打ち込んだ鉄橋の人気が高い。古い橋には歴史が刻まれ、世代や人種を超えた愛着があるのだろう。

人間が川に橋をかけることができるのは「自然と違って人間にだけは、結び付けたり切り離したりする能力が与えられている」からであり、そうした橋に人間が審美的価値を見いだすのは「分離したものをたんに現実の実用目的のために結合するだけではなく、そうした結合を直接視覚化しているからだ」とドイツの哲学者ゲオルク・ジンメルは述べている（「橋と扉」、『ジンメル・コレクション』筑摩書房、1999年）。

川は、山と海をつなぐ存在だが、川こそが人類の文明社会を生み出してきた。すなわち川が都市をつくり、人間の社会活動の幅を広げるきっかけとなってきたのだが、そこにかかる橋には人間の往時の歴史や技術の痕跡が投影されている。それだけに美しく佇む橋に人は深い愛着を感じるのである。

日本にも機能美に満ちた橋は多い。例えば、日本三古橋の一つ、京都府宇治市の「宇治橋」は古今和歌集や源氏物語にも登場した。ほかにも山口県岩国市の錦帯橋、奈良県十津川村にある谷瀬のつり橋なども挙げられようが、先ほど挙げた隅田川には、完成から90年近い年月を経た、近代の技術を象徴するような歴史的な橋が10橋ある。中でも関東大震災復興事業の一つとして建設された永代橋は、ドイツのライン川にかかっていたレマゲン鉄橋をモデルにしたといわれており、200メートル近い長さを持つ、壮大な景観を誇る姿は10橋の中でも際立った存在である。また「永井荷風の永代橋」ともいわれるように、文学の世界にも登場し、橋と人間、そして社会とのつながりをよく表している。近年では夜間のライトアップも施され、多くの人を魅了している。

大きくいえば、橋の歴史はそのまま都市の歴史であり、人類の社会・生活の足跡を伝えるものだ。世界には、フィレンツェの「ポンテ・ヴェッキオ」やパリのセーヌ川にかかる「ポンヌフ」、またロンドンのテムズ川にかかる「ロンドン橋」など名高い橋は枚挙にいとまがないが、どれも優れた文学に登場し、歴史的事件に立ち会いながら、現在につなげている。川と橋の関係は人類の都市活動の歴史を表しているのである。

さて、現在の成熟社会では、工業社会からよりソフトな情報・サービス型社会に移行し、感性を豊かにする、景観を楽しむ生活が求められている。それは人間あるいは社会の進歩の姿というよりも、フランスの哲学者ジャン・ボードリヤールのいう、人間の外在化に起因するシミュラークルのように、機能を超えて浮遊し始めているように思われる。そこでは橋の存在が、独自な都市の記号として浮上する。しかしながら、橋は物理的に両岸をつなぐだけではない。またただ美しいだけでもない。川という自然を超えるその存在は、機能や美を超えて、いわば人間の英知や技術、営みの象徴として都市に存在しているのである。

（2019年9月10日）

混ざり合う世界——アイデンティティーとは

「CROSS BREED」（クロスブリード）とは、筆者の造語で混ざり合うことを意味した言葉である。現代社会の複雑さ、多様性を表現した言葉として使っている。

デジタル・ネットワーク社会、グローバル社会の中、世界的規模での社会・文化活動が行われ、しかも即時的に機能する経済活動が跋扈している。国家や地域という枠組みも怪しくなりつつある状況である。そうしたアイデンティティーの喪失が危惧される状況に対し、反動的な動きが各地で起こっている。しかしながら、アイデンティティーに関する危惧とは異なる次元で見ても、グローバル化を押しとどめることは困難であり、世界の新しい環境の変化を受け入れることはある意味では必然であるという認識を持つべきなのであろう。

そうした認識は、人類の歴史、進化の過程を見れば明らかなことでもある。現生人類は20万－10万年前にアフリカで生まれ、ほぼ6万年前にはアフリカを出て世界に広がっていったという説が、最新のミトコンドリアＤＮＡ分析や人骨の形態学的見地から見ても、最有力とされている。筆者は、アフリカ起源説には腑に落ちない部分もあると考えているが、一方ではアフリカ起源説を受け入れても、その拡散の歴史はいまに続いているはずであるから、現在のグローバル社会を考えれば、異論をはさむ余地はないと思う。

国立科学博物館の篠田謙一氏はさまざまなＤＮＡ分析をもって、人類の拡散の歴史をひも解いている。氏の分析は極めて興味深い。日本人の祖先をめぐる近著『新版　日本人になった祖先たち』（ＮＨＫ出版、２０１９年）には最新技術を駆使した分析プロセスと論拠が詳細に示されている。

日本人の起源について私たちの知る学説は、東南アジアにルーツを持つ縄文人と、3000年前ごろから東北アジア系の弥生人が流入したという「二重構造説」が主流であったが、そうした単純説は疑わしい方向にあるという。その見直しを後押ししているのが、近年目覚ましい発展を遂げている分子人類学(DNA人類学)である。篠田氏は縄文時代の人骨に対してDNA分析を行うことによって、「二重構造説」に対し、弥生人の流入以前、既に縄文人自体が混血のプロセスを経て生まれたより複雑な集団として存在していたこと、また、弥生時代以降の古墳時代にも大陸からの集団の影響を受けていることなどから、今日の日本人のルーツは単純な二重構造説では説明できないということを、実に見事に解き明かしてくれる。

現代社会において、人類がグローバルに活動すれば、生物的にも混血の度合いはますます高まることはいうまでもないことだ。すなわち、移民と混血は人類誕生からの必然の流れだといえる。それならば、移民による人類の進化の流れが現在に至っても止むことはないのは当然ということになろう。日本人の祖先も、他民族の混血から成り立っているということが篠田学説によって、解き明かされつつある。「CROSS　BREED」とは世界の多様性を示しているが、「アイデンティティー」とはそうした「混ざり合う歴史」の上にあることを知ることになった。

（2019年9月18日）

現代の寓話（アレゴリー）に生きる

現代社会をどのように理解し解釈して、日常を生きるのか。このような問いに誰が答えを用意できるだろうか。人はこの複雑怪奇な現代社会、そして都市空間に生きる手立てをどのように組み立て、よりどころにしているのかと考える時がある。

自らが建築設計に携わっているせいか、都市に生きる人間と社会とがどのようにつながっているのかがわからないままに、こうした問題に関わっていることへの懐疑が常にあるからである。

都市とは何か。建築とは何か。社会や経済が現実を動かしているとしても、個人の生き方や行動、判断にまでそれらが迫ることは皆無に近いが、それでも次第に時代は変容し、社会の構造に合わせて人間が変化することになる。

都市や建築の設計者はそうした社会経済の動向に合わせて、個別の要求を飲み込みながら、現実の都市や建築を生み出している。どちらも、極めて具体的な形や活動をもって立ち上がってはいるけれども、その中身は、極めて抽象的なイメージや概念の組み立てから成り立っている。そこには現実の人間の営みを表す具体的な映像や形状などが登場することもなければ、物語が登場することもない。ただすべてが壁、床、柱、梁、天井という抽象的な部位によって構成されるだけである。

思想家ヴァルター・ベンヤミン（1892－1940年）の言葉を借りれば、それはアレゴリー（寓話）ということにでもなろうか。バロック悲劇において多用されたアレゴリーは、ベンヤミンが指摘するように、1個の全体として表現と形態が一体化して普遍的な意味を表わすシンボル（象徴）とは異なり、「極めて意味深い」存在ではあるものの「断片、破片」でしかない。

ベンヤミンは、知的に読み解かねばならない断片としてのアレゴリーが古典主義的芸術観の中で軽視されてきたことを偏見であると指摘し、寓話性そのものの救出を試みている。

現代建築は日常の空間から象徴性を消去してしまった。古典主義的芸術を生み出していた宗教的背景や社会的慣習から自由になったことがその大きな原因であろう。しかしながら、アレゴリーはどうだろうか。人間は断片としてのアレゴリーを積み重ねて概念的思考に至る。それゆえそうした寓意を持たずして生きることが可能なのかという問いは残る。

人間は少なからず、寓意の存在に寄り添って生きているはずだからである。
しかしながら、現代の寓意性とは何かを問うことは容易ではない。宗教も政治もことごとく拡散して象徴性が失われた結果、断片である個人や集団のアレゴリーも極めて見えにくくなってしまったからである。バロックの時代を現代に置き換えることなどまったく意味を持たないが、ベンヤミンが「バロックにおいても、古典主義の修正というよりも、芸術そのものの修正が問題なのである」と述べるように、アレゴリーは「根源」に触れて、それを刷新するためのきっかけになるのではないか。それでは、空間と寓意的表現の関係は、時代を超えて再考すべきテーマになるのではないか。考えてみたい。

（２０１９年12月5日）

アンドレ・ルロワ＝グーランの言葉

フランスの先史学者であり、社会文化人類学者であるアンドレ・ルロワ＝グーランは、晩年はコレージュ・ド・フランスの先史学講座教授を務めた20世紀を代表する学者である。戦前には日本にも滞在し、アイヌ民族の調査・研究をするなど日本との縁も深い。特に『身ぶりと言葉』（筑摩書房、２０１２年）は多くの示唆に富む著作として話題になった。

そのルロワ＝グーランの文庫本が出版されたと聞いて飛び付いた。『世界の根源―先史絵画・神話・記号』（筑摩書房、19年）である。邦訳は既に1985年に言叢社から出ていたが、手にする機会を逃していた。この本は、美術史家クロード＝アンリ・ロケとの対談形式で綴られた自画像の表出でもある。ロケは『身ぶりと言葉』を評して「書名はことの本質を端的に言い当てている。人間の道具や記号の歴史とはまさに人間の歴史そのものにほかならない」と指摘しているが、それに倣うならば、『世界の根源―先史絵画・神話・記号』にはルロワ＝グーランの求める人間の根源が表現されている。ルロワ＝グーランは、人間は裂くことのできない被造物となるとして、ガストン・バシュラールが『火の精神分析』で述べた「人間は欲望を創造するものであっても、必要を創造するものでは断じてない」という一文に対し、「欲望が働かない限り我々は著しく人間的なことを何一つおこなわないからです。ただし、それは生物学的秩序というより、むしろ哲学的秩序に則った見方に過ぎません。いずれにせよ、シンボルが増大し、多様化する限りにおいて、人間は次第次第に欲望を味方に引き入れる。自らの創造力を満足させたあとで走り出すのです」と同意し、欲望こそがすべての基礎であると述べている。

ここで注目すべきは、人間の根源にある「欲望」と、何かの不足を補う「必要」とは異なるのだ、という指摘である。「必要」とは目的の上にある利便性をいうのであるが、そこには人間の根源的な創造性は見いだせない。アルタミラの壁画がなぜ現代人にとっても魅惑的なのか。その答えをここで改めて述べる必要もないだろう。

このように、ルロワ＝グーランが探求してきた先史絵画・神話・記号の中に潜む人間の創造性への欲求は、すなわち人間の果てしない、根源的願望、欲望に基づくものなのであり、断じて「必要」から生まれるものではないということなのだ。

さて、建築や都市の分野も人間の創造的活動といわれるが、実際にはその多くが積み重ねられた「必要性」の上に立脚しているようにも思える。何かが不足していて、それらを埋める「必要」に駆られているのではないだろうか。

ここで指摘したいことは、現代の人間が、その根源的「欲望」を忘れて、常に必要に追いかけられている現実についてである。「必要」なくして現代を生きることは困難かもしれないが、「欲望」という、いうなれば生の創造を忘れて、何を生み出そうとしているのだろうか。改めて、必要、すなわち不足を補うことの意味を考えたい。

（2019年12月18日）

日本の伝統

令和という年号の典拠は万葉集といわれている。その箇所「初春の令月にして、気淑く風和ぎ、梅は鏡前の粉を披き、蘭は珮後の香を薫らす」はまさに新春にふさわしい言葉である。

2019年は平成から令和へと年号が変わり、新天皇陛下の即位に伴う伝統的な皇位継承の儀式「即位礼」と「大嘗祭」が執り行われた。即位礼とは、新天皇が位を継いだことを内外に示す国事行為である。一方の大嘗祭とは、皇室行事であり、斎田で収穫された米などを、皇祖である天照大神や天神地祇に供え、新天皇自らも食し、国と国民の安寧や五穀豊穣を祈念する行事である。その様子はテレビで放映され、その全容を見ることもできた。日ごろ考えることがない、日本独自の伝統的な一連の儀式と、その背景となる木造建築など、その雅やかさと形式美に心を打たれてしまった。多くの人も同様な感慨を持ったに違いない。

即位の儀式は数日にわたったが、古くからの伝統美に、改めて日本という国に暮らすことの意義・意味を考えることになった。天皇・皇后両陛下の所作が持つ意味には深い日本の伝統が込められており、煌びやかではないが、簡素な表現の内に多くを読み取ることができるのであろう。

現代社会があまりにも物質的、具象的であることとは対照的に、今回の儀式はきわめて抽象化された簡素なものであった。西欧の豪華で重厚な世界とは異なり、簡素さに美を見いだす日本人の感性を、この一連の儀式を通じて改めて見直すことになったのは筆者だけではあるまい。

さて、一連の儀式の中でも特に注目していたのは、建築のありようである。伊勢神宮の式年遷宮にも見ることができる、木造建築とその仮設性についてである。一世に一度だけ行われるという伝統的儀式が、仮設的な建築を背景に執り行われるという、その儚さに日本の伝統そのものを見るように思う。逆説的に、儚さこそが伝統の持つ永続性、永遠性を保証するといえるのではないだろうか。すなわち、具体的なものほど、時間とともに消滅してしまうという現実を体現しているのである。

大嘗宮の木造建築はさらに徹底しており、行事が終了すればすべて解体されて無になる。令和の時代から、廃材はバイオマス発電などに再利用されることになったようだが、そうした時代の変化を取り入れながらも、儀式の舞台がまったくの無に帰すという本質に変わりはない。そこにこそ、永遠の伝統が息づくのであろう。一見無駄のようではあるが、その一瞬に多くのエネルギーを費やす高まりにこそ、皇位継承における伝統の意味があるのではないか。世代ごとに儀式を通して受け継がれる、消え去ることのない、記憶の永遠性である。

仮設性と永遠性。一見相反するような二つの概念が、木と建築を通じて結び付いている。「木」の容易に建設・解体ができるという仮設的な特質が、かえって自然との一体感を強めているのだろう。日本の伝統文化の奥深さについて、改めて考えるきっかけになったと思う。

（2020年1月10日）

第5章

経験としてのパンデミック

——コロナ時代を問う

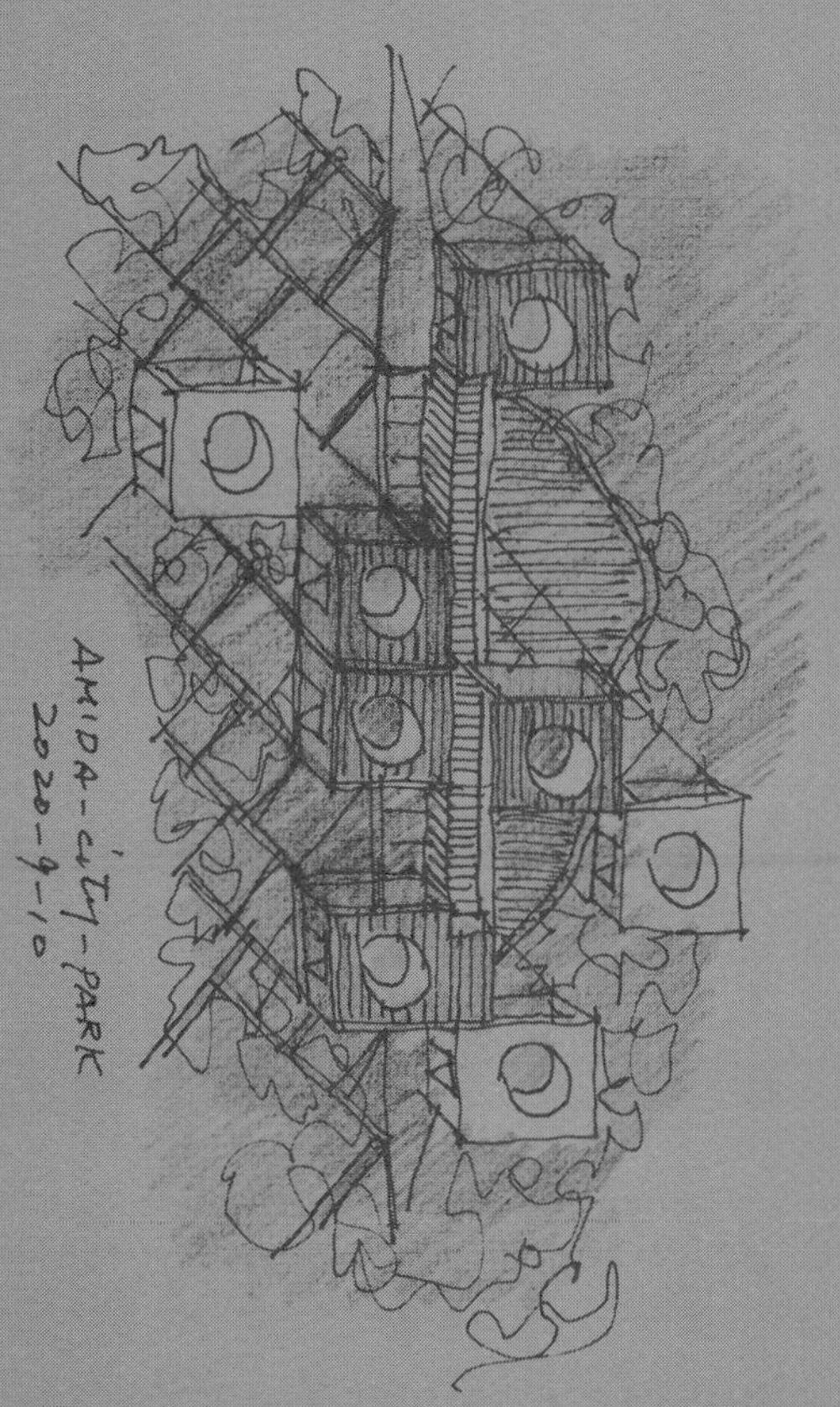

ゴースト・ルール

新型コロナウイルス問題は世界に拡散し、いまやパンデミックが宣言されるに至った。目に見えないウイルスが世界の経済システムを混乱・破壊し始めたといっていい状況である。とりわけモノづくりの生産体制の破綻（はたん）は深刻である。米中の貿易摩擦のような政治問題にとどまらず、世界中に広がるサプライチェーン・システムを直撃するグローバルな問題である。すなわち、「グローバル資本主義」の崩壊という大問題が浮上してきたと考えざるを得ない。

「グローバル資本主義」は、植民地時代に確立された、一国の利益が資源と加工の差益を資本の循環に乗せる資本主義とは大きく異なる。世界が共同してモノづくりをするという新しい資本主義の形だ。ネットワークにほころびがあれば、直ちにその体制は維持できなくなるはずだが、多くのサブシステムによるセーフティーネットが準備されつつある。これこそデジタル時代ならではの感がある。

さて、二者あるいは多数の間で設定された協定やルールは一定の秩序を守り、安定的な環境維持を保証する機能があるものだが、それが常に普遍的で有用とは限らない。グローバル社会も多くのルールに則って運用されていて、大きな秩序と安定が保たれているのであるが、そうしたルールがかえって足かせとなる場合がある。例えば、EU(欧州連合)での航空協定で規定されているルールがそうだ。新型コロナの影響でフライトの需要が低迷している中、EUのルールがさらに拍車をかけているという。それは、航空会社は、空港ごとに割り当てられた発着枠の80パーセントを下回ると競合他社にそれを奪われるというものである。そのため、発着枠を維持するためだけに乗客なしのフライト、すなわちゴースト・フライトが横行しているという。こうした事態が、さまざまな局面で引き起こされ始めている。こうしたルールの現状を仮に「ゴースト・ルール」とでも呼ぶことにしよう。

いまやこうした「ゴースト・ルール」が世界経済や企業業績を圧迫し始めている。サプライチェーン・システムによって動いている企業間の協定やルールによって、身動きが取れなくなり始めているからである。英国がEUからの離脱を決めた大きな要因として、EUの漁業協定が英国の漁業を圧迫したことが挙げられている。共同体としてのEUの理念を全うさせるためのルールが、英国にとってはまさに「ゴースト・ルール」だったのである。

国際貿易に関するルールとして、GATT(関税及び貿易に関する一般協定)やWTO(世界貿易機関)協定、さらにはFTA(自由貿易協定)、TPP(環太平洋パートナーシップ協定)などさまざまなものがあるが、そうしたルールが「ゴースト・ルール」によって破綻を来す恐れがあると予測されている。

必要なのはリスクマネジメントである。従来の互恵的な協定やルールづくり以上に、グローバル社会におけるルールづくりはますます困難なものになるだろう。

未知のリスクに対する世界の対応のありようが問われだしたのである。

（2020年3月18日）

建築の新たな課題

新型コロナウイルスによる患者が、中国以上に欧州など世界的規模で増えつつある。14世紀のペスト（黒死病）や、20世紀初頭のスペイン風邪を彷彿とさせる都市災害である。高度に発達した現代の医療環境でも、ウイルスによる疾患が大量発生したのである。

こうした事態に対してパニック状態に陥る国もあり、一部では医療崩壊がいわれ始めている。ここでいう医療崩壊とは、患者への対応が追い付かず、医療体制の能力を越えてしまう状態のことだが、医療体制を支える病院という器の問題も深刻である。ひいては都市施設全般に対する警告でもあろう。

いまや感染症患者を無作為に受け入れざるを得ない病院の有様である。そして病院での感染例も増えている。集会やイベントなどの自粛や中止以上に必要なのは、疾患を心配する多数の人々が無秩序に来院することに対する何らかの歯止めではなかろうか。実のところ、病院も濃厚接触を引き起こす恐れの高い場所だからである。例えば外来受付なども相当に無防備である。そうした状態から院内感染を防ぐにはどうすればよいだろうか。外来患者や見舞客など来訪者の管理など、管理区分のさらなる明確化は必須だろう。同時に、空調管理の問題も大きい。陰圧、陽圧、中圧(=外気圧)など室内の気圧調整をどのように機能性能と合わせて構成するか、ますます精度が問われることになる。病院建築の果たす役割の再構築が始まっているといってもよいだろう。

そうした流れを受けて、多くの都市施設においても、細菌やウイルスに対する環境的な対策が問われだした。すなわち、施設内部の空調のありようが問題になっているということである。その一方で、最近の建築は、周囲の環境、中でも都市に対する開放的な関係の構築が重要視される傾向にある。防御と開放、その矛盾がますます濃厚になってきたように思われる。細菌やウイルスなどの防御はマクロな物理的障壁によるのではなく、空気そのもののコントロールにあるからである。しかも空調システムというよりも、そこからつくり出される空気の質のレベルの話になる。さらに、場合によっては段階的に清浄度のレベルを変えることを考えなくてはならなくなり始めたのである。

グローバル社会だからこそ起こり得る、複雑で計り知れない事態が次々に引き起こされるという現実。ヒト、モノ、カネ、情報ばかりか、細菌・ウイルスまでもが瞬時に世界を駆け巡っているという現実に改めて気付かされたのである。どこかで問題が起これば、直ちにほかのところでもさまざまな問題が引き起こされるという世界にわれわれは住んでいるのである。もはや世界を自由にコントロールすることなど不可能な時代に生きているということだ。

こうした時代に生きて、現代建築に何ができ、何をどこまでするのかを改めて問い直すことになった。

（2020年3月30日）

いま、アテネ憲章に代わるもの——都市の形

新型コロナウイルス禍が世界を席巻している。パンデミック、大恐慌、緊急事態宣言、ロックダウンなど普段耳にしない言葉が世界中で次々に発せられている。観光客はおろか、通行人すらいない都市の姿に、地球の消滅を描いたSF映画のラストシーンを見ているよ

うな感覚にもさせられる。死に瀕する都市の姿である。

20世紀が経験した二つの世界大戦の結果、都市は無残に荒廃したが、そうした姿以外にこれほどの衝撃的な映像は見たことがない。世界大戦を経験したとはいえ、近代の都市は、工業化とともに成長を謳歌した時代の申し子であったように思う。多くの人々が都市に集い、その魅力をつくり出し、自らも享受して、希望・未来を生み出してきたのである。

そしていまやわれわれの住む現代社会は、デジタル空間という新たな存在を得て、20世紀の社会構造とは次元の異なる新たな環境を手にした。デジタル・グローバル社会は、地球から距離という概念を一掃してしまった。情報は無論、ヒトも、モノも、カネも一瞬のうちに地球の隅々にまで移動ができる。さらにウイルスまでもが瞬く間に世界を飲み込んでしまうというのが、われわれがいま生きている「21世紀という時代」である。

このような時代を迎え、都市は、20世紀のそれに比べて大きく変容しつつあるのはここで改めて述べるまでもないだろう。グローバル社会という大きな現実が、日常の現実の中に生きるわれわれ自身の存在に対して、課題を突き付けたのである。

苦闘の末に生み出した新たな希望

ここで改めて20世紀前半の建築家たちの活動を振り返り、現状の再確認を行い、課題をあぶり出すことも必要だろう。1928年、ル・コルビュジエやグロピウスなどモダニズムの建築家たちによってCIAM（近代建築国際会議）が開催された。その5年後、33年にアテネで開催された第4回の会合において採択されたのが、95条からなる都市計画および建築に関する理念「アテネ憲章」である。その趣旨は近代都市のあるべき姿を示すことであった。ごく大雑把にいえば、都市を大きく4つの機能、すなわち「住むところ、働くところ、レクリエーションの場所、そして交通」に分類し、それらを適切かつ明快にゾーニングすることで都市そのものを計画的につくり上げようとしたものである。このアテネ憲章は、それに先駆けてコルビュジエが発表していた「ヴォアザン計画」（25年）や「輝く都市」（30年）を下敷きにしたといわれている。

コルビュジエの名前からもわかるとおり、アテネ憲章は絵に描いたような近代思想を体現したものである。高層建築を建て、それによって生まれた空地を緑豊かなオープン・スペースとして整備し、さらに交通インフラは来るべき車社会を見据えて歩車分離を行い、幾何学的に整然と都市を計画することを目指したのである。

こうした提案は、当時、急激な人口増加とそれに伴う環境の劣化による影響を受けていた都市を救い出すための、まさしく輝ける未来を約束する理想の都市像だったといえよう。しかしながら、25年に開催されたパリの万国博覧会に出品展示された「ヴォアザン計画」の模型写真を見る限り、そこで人間が日常生活を営む姿を想像することは到底できない。つまり「輝く都市」は人間のない都市の姿であったように思う。

無論、輝く都市が実際には絵空事でしかなかったとしても、その努力をも論難するわけにはいくまい。急速な都市化によって引き起こされた無秩序や混乱、そして環境の悪化という課題を突き付けられた当時の建築家たちが、自らの職能に対する使命を深く自覚しながら苦闘の末に生み出した、都市環境の新たな希望であったことはいうまでもないからだ。

この職能に対する使命の認識こそがいま改めて問われているのではないか。

個別建築がいかに都市に関わるのか

もはや、現代に生きるわれわれの都市が直面している課題は、20世紀初頭に提示されたアテネ憲章では捉えることができなくなっている。そしてまた、現代の人間にとって都市とは何であるかという問題でもある。都市とは建築物や、道路などだけがある無機質な場ではない。多くの人が暮らし、働き、活動する場所である。それは21世紀の現在も変わることはない。しかしながら、都市のありようは、社会の変容や市民が希求するイメージに合わせて変化していく。

それに対して建築の本質、すなわち、床があり、壁、柱があり、屋根があるという本質は不変である。この都市と建築との関係を考える時、個別の建築が都市という場にいかなる関係をもって関わるのかという問題が、建築家に問われているのである。そして同時に、都市の変容に伴って変わるべき建築のありようも問われているのだ。現在の社会は、筆者が常々言い続けている多元的社会（多様性を超えた立体的複雑さを持った社会）に向かおうとしている。

その先に見えてくるのが、人間の活動や生活を中心に据えた都市のあり方、例えば都市の規模の身の丈に合わせたコンパクトシティー、さらには、デジタル技術の進展が進めば、スマートシティーといった都市の形があるだろう。多彩な「都市の活動」とそれぞれに異なる「市民の日常」を組み入れなければならないからだ。とりわけ、新型コロナの経験を経ることで、これまでにない社会に向かうことにもなろう。

しかしながら、いや、むしろそれゆえにこそ、都市の未来像は固定された一つのものではありえないだろう。新型コロナの強烈な体験の後に来る、ライフスタイルの変化やそれぞれの立場の違いを包摂できる環境が用意されなければならないからである。

建築家はそうした問いかけに対し、何を示せるのだろうか。

（2020年5月13日）

テレワーク社会への過信

世界を一瞬のうちに恐怖のどん底へ陥れた新型コロナウイルス災禍は、われわれが新たな世界のあり方へと移行する契機を創出するのであろうか。その先行きはまだわからないが、またとない大きな転機であることは間違いないだろう。

社会は、常に過去の実績を踏まえた継続性のもとに歩んできた。社会制度も同様であるが、多くの問題を抱えつつも、一度つくられた制度が容易には変わることなく、時代にそぐわない状態が放置されたまま継続を余儀なくされているケースも多い。

例えば、デジタル社会の今日においても、依然日本の制度はアナログな面がある。その典型が書類の押印である。印鑑が社会のデジタル化を阻害している側面もあり、いま、新型コロナの問題によって、そうした社会の変容に追従し得なくなっているさまざまな制度があぶり出されてきたということなのであろう。

制度設計を見直すことは、グローバル社会の中で、日本が世界との協調や協働のあり方をどう考えているかを如実に示すものでもある。最近話題になっている学校の入学時期をはじめ、国レベルから企業レベルまで、さまざまな制度の世界との差異は議論されているとおりである。国家を超えたグローバルなシステムの構築と、国家として守るべき制度の運営との両立には難題もあるが、新型コロナは一つのチャンスであることは確かである。それは過去の感染症の歴史を見れば明らかである。

そして、特にデジタル・ネット社会である現代社会において、制度設計の見直しと同時に必要なのは、「相互のコミュニケーション」が遅滞なく可能であることである。これが今回の新型コロナによってあぶり出された新たな課題である。既に進みつつあったデジタル・ネット空間を通じたコミュニケーションは、新型コロナ問題を契機にビジネスの分野でも急速に拡大し、テレワークなどの利便性を多くの人たちが体験し始めており、今後はさらに日常的なものになっていくことが予測される。

しかしながら、時代や技術に即して仕事の進め方が変わるのは当然だとしても、テレワークのメリットばかりが喧伝されている状況に対しては警鐘を鳴らしておく必要も感じる。テレワークを過信することの危険性を指摘しておきたいと思う。

人は、文字や言葉に加え、身体的身振りなど、直接的な対面を通じてコミュニケーションを行ってきた。デジタル・ネット社会が隆盛を極めても、人間のコミュニケーションには単に文字や言葉だけでは伝わらない重要な要素があることを忘れるわけにはいかないのだ。テレワークには、生産性の問題のほかにも、フェイクとファクトの見分け方が難しいことや言外のニュアンスなどが伝わりにくいことなど、問題も少なくない。コミュニケーションにおいて要となるのは「人という存在」であることは、技術が発達しても変わらないことを忘れてはならない。すなわち、デジタル情報だけで社会の活動が成り立つわけではないということだからである。

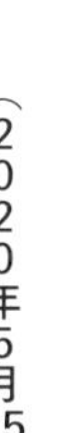
（2020年5月15日）

いま、何が問われているのか

新型コロナウイルス感染症の問題はいまだ予断を許さない状況にある中、早くも「アフターコロナ」へと関心が移り始めている。テレワークなど、デジタル技術を背景に、コロナ禍を克服した社会を思い描いているようだ。ウイルスとの共存が不可避であるならば、デジタル社会をさらに進展させることで新しい現実を構築する絶好のチャンスであるとする意見である。

確かに、デジタル技術がわれわれの社会活動に絶大な変革をもたらしてきたのは事実だが、人間同士の生のコミュニケーションがなければ、人間の社会活動は成立しないことを忘れてはならない。デジタル空間も人間の脳が編み出した世界なのであるが、脳は身体とつながって現実の世界を認識する。そこにデジタル技術の強力な支援があったとしても、人間の身体的感覚が人間の創造力の原点であることには変わりはない。人間が社会活動を営む中で、情熱や夢などさまざまな感情や思いが抱かれるものだ。個人の活動であっても、組織的、あるいは社会的なものであってもそれは同じことであろう。当然、そうした感情や思いは矛盾や不調和を引き起こすこともあるだろう。矛盾のない世界などあり得ない。

社会とは、生身の人間同士のさまざまなコミュニケーションや対話、行動などの行為の総和である。デジタル技術は、そうした行為を円滑に進めることを可能にし、時間的制約を超え、目的と結果を直截に表現するためには極めて有効なツールであるが、それ以上の存在ではないはずだ。

インターネットによりあらゆるデータが容易に入手できるようになったことで、世界との情報共有化は飛躍的に進んできた。その結果、無限の可能性が生み出されているのは確かだ。しかしながら、その根底には人や組織の活動、そしてその活動を生み出す元となった情熱やさまざまな感情、そしてアナログ的な作業などがあるのである。

一方、建築の世界でも、さまざまなデジタル化が進行し始めている。そうした動きを停滞させることがあってはならないことはいうまでもないが、新型コロナ以降、建築の概念が大きく変わり、ついには建築という形式さえ持たないところに行き着くのだという、デジタル化を過大評価した議論があるのはいかがなものか。あまり根拠のない無責任なことを言わない方がよいと思う。

建築の根底には、人間との空間的つながりがある。快適な空間とは人間の身体的感覚、感性に対するものなのであって、デジタル空間とは次元の異なる世界である。空調や照明、あるいはその他の利便性などのためにデジタル技術が活用されることは大いにあるが、それがそのまま身体に見合った空間を生み出すものではない。

建築に求められる課題が、デジタル技術によってどのように変わろうとしているのか。デジタル技術の進歩によって社会が変わることが必然だとしても、それは建築の空間的本質とは無縁であり、身体的空間を乖離（かいり）させることはないと思う。

（2020年5月25日）

自粛の中で

新型コロナ禍による自粛生活は、いままで経験したことのない世界である。入院してベッド生活を余儀なくされた経験以外、長期にわたる拘束は未知の世界であった。家の中に長期間とどまる生活によって、考えてもみなかった、未知の発見にも驚いている。自粛という環境の中での感慨である。

音楽番組で見た管楽器の四重奏である。それぞれの楽器の個性が際立っていながら、調和した一体感のある演奏の素晴らしさに聴きほれてしまった。コンサートホールで聴く生演奏は、ＣＤやレコードなどに比べ、臨場感がまったくといっていいほどに異質なものであることは誰もが経験していることであろう。フルオーケストラを楽しむ時、音楽だけではなく、指揮者と演奏者一人ひとりとが生み出す一体感をも体験しているのである。指揮者の身振りや演奏者同士の微妙な調和する動きなどが一体となって、それらを包み込む空間全体が一つになる瞬間が訪れる。それが聴く者の心を揺さ振るのである。

テレビでの映像を伴った四重奏は、もちろん現実のホールの臨場感はないけれども、楽器を持つ身振りや表情の変化と奏でる音の響きが、一体になって見えることが曲の響きを豊かにする。

こうした感慨を持ちながら、建築の設計との類似性に思いをはせた。規模の大きさにもよるが、建築の設計では少なくとも数人が一つのチームとなって、それぞれがアイデアを出し合って、リーダーの指揮のもとに、アイデアの修正、検討を幾度も繰り返し、お互いの立場を尊重しながら、デザインを決定していく。その場面・状況は、まさに音楽の演奏と共通していると思う。

建築の設計において、初期のアイデアが思い付きや過去の経験に基づくものとなる場合があるが、それはそこからすべての物語が始まるという単なる始まりの始まりでしかない。そこから繰り返しリファインを試みながら、結果に到達するのである。

アンサンブルやオーケストラも、一応の完成を見るまでの練習において繰り返し指揮者と演奏者がやり取りを続ける。その過程は、まさに建築の成立過程を見ているようだ。

こう書き進めている時、若いころに聞いた建築家・大谷幸夫氏の話を思い出した。京都国際会館の設計の時の苦労話である。大谷氏も、設計とは指揮者のいるオーケストラの演奏と似ていると述べられていた。音楽と建築については、多くの人がその類似性を語っている。建築家ル・コルビュジエの弟子でもあった音楽家ヤニス・クセナキスの著書『音楽と建築』(全音楽譜出版社、1989年)などはその代表作であろう。また音楽教育学者で作曲家のジョン・ペインターの『音楽をつくる可能性』(音楽之友社、94年)でも同様に建築における重力問題と音楽における時間の問題を取り上げ、その意味について語っている。

自粛の中、建築の設計行為と音楽の演奏というプロセスにおける共同作業の意味について再考している。まさにコミュニケーションの豊かさの醸成される環境の問題である。

(2020年5月27日)

5Gと日本の課題と建築界

グローバル社会とは、ヒト、モノ、カネ、そして情報が国境を越え、世界をくまなく行き来する社会のことである。ビジネスであれ観光であれ、物流であれ金融であれ、常に何らかの移動があって、それが社会を動かすコミュニケーションとして機能していた。その状況・姿を一変させたのが、新型コロナウイルスの世界的伝播である。世界のヒトやモノの移動（トランスポーテーション）が一気にストップし、世界の名だたる都市で、人の姿が見えない超現実主義的な光景が映し出されることになった。世界が一気にこのように一変する姿を見せたのは、第二次世界大戦でも起こらなかった。多分人類始まって以来の出来事ではないだろうか。

改めて、グローバル社会とは何かを考える必要があるように思える。

現在のようなグローバル社会の成立に与（あずか）って力があったのは、20世紀後半から始まったデジタル社会という現実である。いまや21世紀に入って、その流れは加速し続けている。例えば無線通信技術でいえば、スマートフォンが定着している現在は4G、すなわち第4世代（G＝generation）の時代である。数年前のいわゆるガラケーの時代から見ればITの進化には目を見張るものがあるが、さらに世界の潮流は既に5Gへと移りつつあり、もはや4Gすらも時代遅れになるような勢いである。日本でももちろん早期から開発が進められていたものの、ようやく政府が5G対応に向け税制優遇などの措置を取るようになったこともあり、通信環境の5Gレベルへの切り替えが始動した。

4Gは生活を変え、5Gは社会を変える

さて、こうした通信技術などについては国際標準が必要になる。いうまでもないことだが、国際標準がなければ、互換性のない独自技術が乱立してしまい、これほどのデジタル空間の広がりはなかっただろうし、グローバル社会は成立していなかったであろう。もちろん、それ以外の分野でも、ISO(国際標準化機構)などが制定する国際標準に則った製品やサービスは枚挙にいとまがない。しかしながら、通信技術の分野においては、いまや世界各国は、国際標準の覇権争いをしているといってもよいだろう。例えば、米国には暗号化技術で世界をリードしていることで知られるNIST(国立標準技術研究所)があり、国際標準の制定にも大きく影響を与える存在となっている。一方の中国はファーウェイを中心に、中国独自の5G仕様・基準をもって、米国による技術のデファクトスタンダード化の阻止を図ろうとしている。EUでは中国型標準の受け入れが進んでいる加盟国もあるが、

2019年にファーウェイの排除を打ち出したように、それを阻止しようとしているのが米国のしたたかな動きでもある。米中の争いは、つまるところデジタル世界の国際標準でどちらが覇権を取るかにあるということになるだろう。

こうしたデジタル社会の世界の熾烈(しれつ)な覇権争いの中で起きたのが、世界を死の淵に追いやろうとしている新型コロナウイルス感染症の拡大である。そして、世界の主要都市が封鎖されるという事態を迎え、世界の動きが止まり、ヒト、モノの移動がなくなったのである。グローバル社会の成立を支える、国境を越える動きが制御されることになれば、グローバル社会は機能不全を起こしてしまう。

それでもわれわれはデジタル技術により、現実空間をバーチャルなデジタル空間にまで拡張して生きる道を見いだしている。ゆえに、グローバル社会はかつてない強みを持つともいえよう。中国で耳にした「4Gは生活を変え、5Gは社会を変える」というメッセージは強烈な印象をもって筆者の脳裡に刻まれている。すなわちグローバル社会のありようがさらに変わろうというのが現在なのだ。

日本は巨大なクルーズ船

翻って日本は、こうしたグローバル社会に生きることの意味をどこまで理解し、国家的戦略を持とうとしているだろうか。日本独自の標準化規格もあるが、世界に通用するものが多いかといえばそうでもないだろう。例えば建築の環境評価についてはどうだろうか。日本では国土交通省主導で開発されたＣＡＳＢＥＥ（建築環境総合性能評価システム）が主流である。一方、中国にも政府が定めたＧＢ／Ｔ５０３７８（緑色建築評価標準）があるが、国際的プロジェクトの隆盛に伴って、米国発のＬＥＥＤによる認証を受けるプロジェクトが増加し、現在では世界3位の導入率となっている。さらに、同じく米国のＷＥＬＬ認証の導入も積極的に進めており、こちらも世界2位の認証件数を誇っている。５Ｇ、そして６Ｇへ向けての標準化の覇権争いをはじめ、米国と熾烈な競争を繰り広げている中国だが、環境性能評価については柔軟な姿勢を示している。日本でもＬＥＥＤの導入は始まってはいるものの件数は少なく、やはりＣＡＳＢＥＥが主流である。評価システムとしての性能を否定するわけではないが、ＬＥＥＤはグローバルに通用するという点においてＣＡＳＢＥＥに比べて優位性がある。海外からの投資を呼び込みたい中国にとって、対立する国のものであっても有効なツールであれば導入することをためらわないのだろう。

また日本は建築基準法などについても世界の潮流との乖離がいわれている。とりわけ都市景観に関する問題である。またＩＳＯによるマネジメントシステムの認証も、現在その勢いは失われつつあるのが現状だ。国外で仕事をしていると、こうした日本の常識（スタンダード）が世界に通用していないという現実に常に直面する。かつて携帯電話でいわれた日本のガラパゴス化は建築界でもいまだ顕著であるわけだが、この現実をわれわれはどこまで理解し、切実なものと感じているのだろうか。

日本は小さな島国である。それゆえ、新型コロナのような疫病が国内に蔓延したら逃げ場はない。かつて日本を不沈空母に譬（たと）えた政治家がいたが、それに倣（なら）えば日本は巨大なクルーズ船のようなものである。われわれはグローバル社会に生きることと、グローバル・スタンダードとは何かをいま一度見つめ直す必要がある。

（2020年6月10日）

コロナと社会の共同体

新型コロナ災禍によって、さまざまな問題があぶり出されたように思う。

多くの人々が一堂に集まるイベントや祭典が次々と延期や中止となり、失望のため息がそこかしこで聞かれる。例えば、夏の高校野球大会が見送られたのをはじめ、全国の花火大会も多くが中止となった。そして地方の「お祭り」の多くも延期や中止の憂き目にあい、都市や街の元気が失われている。日本の三大祭りは神田明神の「神田祭」、京都八坂神社の

「祇園祭」、そして大阪天満宮の「天神祭」であるが、そのほかにも、秋田の「竿燈（かんとう）まつり」や仙台の「七夕まつり」など、それこそ枚挙にいとまがないほどの祭りがある。日本の伝統、郷土の歴史・思いを綴ってきた祭りが中止されるのは致し方ないことではあるが、忍びないものがある。

　世界に目を転じれば、若かりしころに過ごした思い出の地であるイタリア・ベネチアのカーニバルも会期途中で中止になった。イタリアの心の故郷ともいわれる祭りが失われる悲劇に世界の関心が集まった。ベネチアのカーニバルは、リオのカーニバルとトリニダード・トバゴのそれと並ぶ世界三大カーニバルであるが、歴史も古く、12世紀に始まったとされる。18世紀末から20世紀末にかけての中断の後に再開され、現在では世界中から観光客が訪れる、名実ともにイタリアを代表するイベントになっている。2月の冬の厳しい環境で開かれる、陽気な仮面を着けた舞踏会はイタリアの心ともいうべき存在である。仮面を着けることで、すべての人が身分も権威も捨てて平等に付き合える。特別な言葉を交わすこともなく、身振り手振りと衣装の派手さ、マスクのデザインでお互いの個性を競い合うのである。

　さて、未開の社会は、自由な個人が集まって、主体的に歴史をつくり、進歩してきたという西洋社会のような歴史観で推し量ることはできない。原始的な共同体は、共同体の原点として、皆が集まり、集団で祝祭(＝呪術的行為)を行う。そこに見えない構造があり、個人のありようはそうした構造の上で決定されるという。

その意味では、祭り、すなわち祝祭とは、未開の時代以来、共同体という社会の原構造に深く関わるものであったといえる。祝祭は、世界各地でさまざまな形を取りながらも、共通して歴史を紡いできた。フランスの人類学者レヴィ＝ストロースのいう「見えない構造」は現代社会の底深くを流れ、共同体の原点を支えているのである。現代社会のコミュニティーを考える上で、非日常の場である祝祭＝カーニバルは人を解放する場でもあるが、それが失われていることは残念である。

イタリア人は、ヨーロッパの中でも人とのつながりを大切にする国民である。とりわけ家族との絆は深い。こうしたアモーレ(愛)、マンジャーレ(食)、カンターレ(歌)の国が、新型コロナ災禍によって大きな被害を受けた。それ自体は悲しむべきことだが、そうした災禍を契機とする、昨今のリモート・コミュニケーションへの傾斜には一抹の不安を感じている。

(2020年6月11日)

アフターコロナの形

新型コロナウイルス禍は沈静化しつつあるのか、拡大しつつあるのか定かではないが、この先ウイルスが消滅するという話ではない。

今回、改めて学んだのはリモートワークのような働き方を支えるデジタル技術の効果である。もちろん、デジタル通信技術の利用は常識ではある。それでも、ビジネス上のやり取りにおける利用については、日本と海外との落差を見せ付けられた思いである。環境整備が追い付いていない面もあるが、われわれの意識にも問題があったはずだ。

今後、ビジネス環境も大きく変わり始めるだろう。例えばグローバル・サプライチェーン・システムの断絶が起こり得るということである。もちろん一時的な国内回帰があるとしても、サプライチェーン自体の崩壊は考えにくいため、人件費や生産の合理化にとどまらず、さらなる適正化を求めて分散化のありようが変化していくのではないか。

その意味では、企業活動の拠点を1カ所に集中させておく必要はまったくなくなっている。支店や営業所という仕組みもいわばリモートワークなのである。デジタル化は、そうした状況を一層後押ししているというわけだ。これからの重要なポイントは、出先（リモート先）のあり方、質・内容ということになるだろう。そして本社にすべてが集まる必然はなくなるはずだ。

いうまでもなく、この傾向が再び逆戻りすることはないだろう。ヒトの移動や距離に対して、われわれはセンシティブにならざるを得ない。もはやコロナ以前には戻ることはないのである。だからといって、グローバル社会の勢い、デジタル技術の速度がとどまることはないのも現実である。

その上で「人間」の姿が見えない遠隔のコミュニケーションの限界を見極め、それらに使われることなく適切に使いこなす必要はあろう。

建築は、それぞれの場所や地域の持つ特性を強く反映して存在する。地勢や気候といった風土、そして人々の暮らしや慣習などの文化のように、その場にしかないものを建築に反映するためには、場所性は重要だ。しかもヒトとの直接的な対話も避けては通れない。ある意味では、こうした現場主義こそ、これからのネットワーク型企業としてのあり方に沿うものになるのではないか。現場こそが、定点観測的な行動の拠点となるサテライトとなるのである。無論、本社機能も企業活動には不可欠ではある。ただ、それは最終的な意思決定の場、シンボリックな場としてということになろう。

いま、コロナによって何が変わろうとしているのか。デジタル技術による情報操作という側面だけでは解決できない、人間のコミュニケーションの本来的な意味を考えていくことが必要になってくるのではないか。リモートワークのような働き方から浮かび上がったように、拡大し過ぎた社会構造を見直して、職住近接のあるべき将来像を示さねばなるまい。デジタル空間と人間の営みという日常性は、コロナ問題によってかつてないほどに近接することとなった。建築に携わるものとして、大きな課題だと思う。

（2020年7月1日）

信頼するという行為

都市の魅力とは何か。まず経済的市場の活力が備わっていることである。すなわち、都市に市場を成立させる環境が整っていることである。そこに人が集まれば、魅力的な施設が増え、人がさらに引き寄せられる。すなわち都市の魅力は「デンシティー」(密度)のありようによって決まる。交通インフラをはじめとして、さまざまな社会・生活に寄与する物的環境や魅力的かつ充実した施設や人のサービスが備わってこそ、都市は成立する。

しかしながら、新型コロナウイルスによって人が集まりにくくなり、マスクを着用して他人との距離を取ることが普通になった。OECD（経済協力開発機構）の予測では、2020年の日本の経済成長率は最大マイナス7・3パーセントの落ち込みになるという。

経済も都市や人が活動を始めなければ回復は望めない。経済活動の原点は人間相互の「信頼」にあるからである。例えば企業の「信頼」も、そこにいる人間が生み出すものだ。そして、信頼とは、多くが人間同士の直接的な身振りや態度、言葉によるコミュニケーションによって生み出されるものだからである。

こうした信頼は人間社会そのものであろう。信頼があってこそ、個人であれ組織であれ、その関係の継続性が担保されるのである。

それは、国家と国民の関係においても同様であるはずだが、コロナの対応では国民が不安になるばかりである。しかしながら、東日本大震災においても見られたような市民の自制的行動により、国や公の統制や命令ではない自らの「和の秩序」を発揮したのである。

結果的に日本の感染者数と死者は世界的にも少なかったが、その理由がわからないといわれてきた。それはあるいは日本人の国民性である「協調の精神」にあるのではないだろうか。しかし一方で、協調の精神は「忖度（そんたく）」にもつながる。忖度には暗黙の了解はあっても、相互の信頼があるわけではない。信頼とは、安易な「なれ合い」や「期待する気持ち」だけでは築けないのである。そして、その状況を裏付ける科学的根拠をも忘れては成り立たない。

1960年代の米国で、キング牧師が人種差別撤廃を訴えた時期に、白人と黒人の対等な関係を構築するための方法としてアサーティブ・コミュニケーションが話題になった。アサーティブ・コミュニケーションとは米国の心理学者アンドリュー・ソルターが提唱した「条件反射療法」に基づくもので「自己の意見を主張しつつも、相手の意見を尊重し、より深い人間関係を構築する」ためのコミュニケーションの実践的方法である。協調のみならず、主張することにより互いの理解を深めることで、忖度に陥ることのないコミュニケーションが実現するということなのである。

このように、信頼関係は人間のコミュニケーションの原点であろう。信頼があって初めて対立や矛盾などのぶつかりあいを超えることができるのである。

テレワークやソーシャル・ディスタンスでは埋められない「信頼」の復権について考えたい。

（2020年7月13日）

建築と政治的思考

新型コロナウイルスの問題を契機にさまざまな問題があぶり出されたように思う。

危機に直面すると、人間個人ばかりか、組織、あるいは国家でさえも本性が露わになる。利自に傾き、利他に関心が向かなくなる。新型コロナ問題であぶり出された利己主義は、グローバル社会の基盤を危うくしたばかりではなく、個人や組織相互の信頼を喪失させたように見える。やがては自らの立ち位置とする場所すらも失うことになるだろう。病的ともいえるナショナリズムをどう中和するかが、各国の政治体制に問われなければならない。すなわち、国家と国民の関係に関わる政治力の問題である。まさに、いまグローバル社会の中での国民国家という概念が再び問われているのである。

さて、新型コロナ問題は、世界共通の課題であるわけだが、各国の対応はさまざまであった。日本の感染者数は世界的に少なく、「日本モデル」を称賛する声もあったが、緊急事態宣言終了後の2020年7月現在も感染が拡大しつつあり、収束しているとはいえない状況である。こうして見れば、国の対策が満足いくものだったかは疑わしい。行動規制と経済的補償は、まさにその国の「政治的」知見・力量を如実に表すものである。

日本の医療整備はもっぱら地域医療を前提につくられている。そのため、世界的な感染症への対策は諸外国に比べても脆弱であることはつとに指摘されているとおりである。

新型コロナの問題を含め、世界各国の感染症対策は、医学的問題にとどまらず、政治的判断に基づく状況にもあることは明白である。米国がWHO（世界保健機関）からの離脱を表明するに至ったのも、米中の政治的覇権争いである。無論、感染症対策以外の分野でも同様だ。米国による中国・ファーウェイへの制裁強化もグローバル・サプライチェーンのネットワークからの中国の切り離し（デカップリング）を画策しているのである。

皮肉にも、その米国が現在では新型コロナの世界最大の感染国である。その原因は世界最大の規模を誇るＣＤＣ（疾病予防管理センター）の機能削減であるともいわれている。まさに政治によるかじ取りが感染症の拡大を引き起こしたのだといえよう。

課題対応の欠如は大きな禍根を残す

一方、ＥＵ諸国はどうだろうか。例えばフランス国内で、新型コロナを含む20年３－４月の死亡率が最も高かったのは、パリに隣接する移民や貧困層の多いセーヌサンドニ県であるという。また、医療体制も周辺地域に比べて脆弱（ぜいじゃく）であることが指摘されている。これらはまさに格差問題、すなわち、政治的な脆弱さに起因する不平等が大きな影響を与えているということだ。こうした事例は、政治的配慮が欠落した地域に多くの問題が露呈するということを表している。

私は20年５月13日付の本紙で、１９３３年のアテネ憲章で示された都市のゾーニングの問題を示した（２８６ページ「いま、アテネ憲章に代わるもの――都市の形」参照）。特に機械的に規格化された都市のあり方に対し、いまこそ人間の側に立った都市のビジョンに基づく「現代版アテネ憲章」を提案すべきであると述べたが、機械的な合理性に基づいた近代的社会・工業化社会が世界に浸透して、今日の都市が出来上がっているのも事実である。日本の都市計画法や建築基準法も同様である。しかしながら、機械的な線引きやゾーニングという方式は、今日では適用しにくくなっているというのが実態ではないか。

すなわち、制度的思考が今日的な課題に対応できるように更新されていないということだ。68年の都市計画法の制定後、海外などの事例を踏まえ、70年の建築基準法の改定ではゾーニングなどの仕組みを組み替えようとした動きがあったと聞いているが、結局実現はしなかったようだ。そこでも政治の決断がどこまでできたのかが問われるところでもある。

もちろん、法律とは、社会現象の検証を十分に経た後に体系化を図りながら定めていく性質を持つものであるがゆえに、現象の実態に即応することは容易ではないが、政治とは、社会の未来を描くことに責務を負っているのもまた事実である。デジタル化が進行している今日のグローバル社会においては、速やかな政治的決断が求められる局面が発生することが多い。

例えば、先日国会で成立した「スーパーシティ法案」はどうだろうか。その土台となるのはコンパクトシティーであり、概念としてのスマートシティーである。やや技術的側面に偏っているきらいもあるが、この「スーパーシティ」も、デジタル技術なくしては成立しないものである。デジタル技術がさまざまな境界を越えて成り立つように、現在の都市や建築を取り巻く環境も、既存の枠組み・規制を乗り越える必要に迫られている。つまりは情報共有のあり方が変わるということなのだ。その時の政治としての決断が、責任の回避や先送りといった怠慢によって避けられたならば、それが後に大きな禍根を残すことになるだろう。

問われる政治的決断

ただし、政治的決断というものは常に大きな危険性を孕んでいることにも注意しておく必要がある。とりわけ、公共建築についても同様である。それはかつてのファシズム時代の政治と建築の関わりを見れば明らかであろう。「決断」は時に暴走し、暴力にもなりかねないからである。

だが、グローバル社会の複雑さにどのように対応するかは、結局は政治力の問題に帰着するはずだ。その政治の決断は何に基づくべきものなのだろうか。民主主義国家においては、それは国民の意思であろう。では、その国民の意思とは、どこから来るものだろうか。現在の多数決や投票などから一歩進み、熟議の民主主義を進める必要がありそうだ。もちろん、熟議を経たからといってすべての民意が集約されることはない。だからこそ、政治はその困難な調停を果たす必要がある。それでも、民意と政治は等価ではない以上、政治は民意をどこまでサポートできるのか、両者の間に課題は常に残されている。それをいかにして止揚するかが問われるだろう。

建築の中和作用に期待

その時、あるいはその過程で建築が果たす役割は何か。建築が社会と人間の関係を図解し、空間化(形態化)する力を得て、新たに社会や都市へ向かうさまざまな課題に対し「中和作用」を果たすことが期待されていると考える。

(2020年7月22日)

感染症と病院

新型コロナウイルス感染症は、日常的な存在や考えに大きな課題をもたらすことになった。ニューノーマルということなのか。

最も影響を受けたのは、日本でも医療環境であろう。病院の混乱ぶりは多く報道された。PCR検査に始まり、医療関係者の置かれている環境の問題、専門医や専用病室の不足、経営悪化などの問題が、どれ一つとして解決されないまま事態が進行している。こうしたことの原因は、日本では公衆衛生と医療は別ものと考えられてきたことにあるのではないかと思う。

現在の世間の関心事は、政府によるコロナ禍に対する感染抑制策と経済対策のバランスの問題に終始しているようだが、問題の核心となる日本の医療体制のあり方について変革を促す意見が少ないことを危惧（きぐ）している。医療環境の充足、これからの地域医療の変化を踏まえた制度の見直しなどさまざまな改革が進みつつあるが、公衆衛生の重要性についてはあまり関心が示されてこなかったことに、いまこそ目を向ける必要がある。

結果的に、ウイルスなどの感染症対策については、世界的に見ても極めて心許ない状態となっている。隣国の韓国や中国は感染症対策について過去の経験を生かしている。それに比べれば、日本の現状は寂しいばかりである。

最近、小池東京都知事が都知事選の公約として米国のCDCの東京都版の設置を表明したが、国際感覚が欠如した情けないものであった。現在の病院や公衆衛生を改革して本来のあるべき姿に戻すのが先決ではないのか。

現在、ヨーロッパ最大の感染国は英国である。2020年7月初頭の時点で感染者数

29万人、死者数は4万5000人に及ぶ。世界的に見ても8番目に位置しており、国際性が高く移民が多いことなどがその原因だともいわれている。ボリス・ジョンソン首相も感染し、しばらく集中治療室に収容されるほどの状態であった。そのような状況にある英国ではあるが、政府の対応には注目すべき点がある。

国営の「国民保険サービス」すなわち、NHSの存在であり、迅速な行動に向けた判断と実行力が評価されている。新型コロナ患者の隔離と治療のために、ロンドンでは既存病院ではなく、12年のオリンピックでも使用されたコンベンションセンターをわずか9日間で500床、最大4000床の「ナイチンゲール病院」へと転用した。ロンドン以外にも、バーミンガムやマンチェスターなど、英国全土で施設の転用による病院開設を行った。

一方、日本では、既存病院での受け入れを進めたために、日常的な診療活動にも影響を及ぼすことになった。一般病院がどれほどの感染症患者の受け入れを予測していたのか。ほとんどの病院では応急的な対応とならざるを得なかったはずだ。そうした対応が、ひいては経営悪化を招くことになったのではないか。

病院経営の深刻さは、日本の医療の根幹を揺るがす事態である。コロナ禍を機会に抜本的な医療環境の見直しを図る必要があろう。

（2020年8月5日）

ウィズコロナの課題

新型コロナウイルスが驚くほどの勢いで世界に広がった結果、未曾有の変革が起こりそうな情勢である。専門家たちも口をそろえてウイルス根絶の難しさを語り始めている。今後、「ウィズコロナ」という時代をわれわれはいかに生きていくのかが、まさに問われることになるのだろう。

既に日本をはじめとする先進国では高齢化が深刻な事態になりつつある状態の中、コロナ・パンデミックによって、世界の動きが停滞し始めるとどうなるのだろうか。

筆者は、グローバル社会は今後も維持され、デジタル空間の進化とともに、ますます発展していくと言い続けてきたし、そう信じてもきた。しかし、そうした楽観論に冷や水を浴びせる見解を示す専門家も多く、驚いているのが実感である。無論、いずれも予測であるだけにどちらが真実なのかはまだわからないが、経済学者や医療従事者たちの見解もそれぞれの視点からの予測の一つということで、根拠があるのだろう。

コロナ禍の中、グローバル社会が停滞し、ヒト・モノ・カネの動きが滞るという事態が続くという「事態の必然」である。例えば現在のモノづくりの生産体制は、グローバル・サプライチェーン・システムによって支えられている。

すなわち、いまやモノの生産を一国で完結することは容易ではなくなっているということだ。世界各国から部品を調達・アッセンブルしなければ、たとえ小さな製品でも完成品をつくり上げることは難しい。ではグローバル・サプライチェーン・システムの動きが鈍くなればどうなるだろうか。モノの生産・供給が滞り、モノ不足に陥ることになるだろう。そして、景気の後退を受けて、日本をはじめ世界各国の中央銀行が金融緩和を大規模に実行すれば市場にはカネがダブつくことになる。

いわゆるインフレの発生である。もちろん、コロナ禍がどれだけ長引いたとしても、現在のグローバル・サプライチェーン・システムが崩壊することはないはずだ。コロナ以前の水準に戻ることは容易ではないだろうが、デジタル空間の進化とともに、グローバル社会の拡大・深化を止めることはできないと考えているからである。

人類の知恵はこの停滞を放置しない

しかし、デジタル社会ではすべての移動が停滞すればデフレ状態が加速されるという予測もある。すなわち、消費が停滞し、キャッシュが動かないことが引き金となり、資金の行きどころが失われ、国内の供給過剰なモノとのバランスが崩れ、デフレ状態を引き起こすというのである。銀行の機能すら停滞しかねない。

どちらの予測が現実になるのか、誰にも確実なことはわからないと思われるが、世界的な投資家であるジョージ・ソロス氏は「私たちはパンデミックが始まったころの状態に戻ることはない。それは明らかだ」と言い切っている。そしていまのような中央銀行の資金供給の役割がなくなり、世界大恐慌が起こる可能性が高いという予測もある。

ワクチンの開発が期待されているが、果たして開発ができるのか、またどこまで効果があるのかなど不透明な部分も多々あり、パンデミックを終結させるまでには容易ならざる道のりが予測されている。だからこれからの世界にとって「ウィズコロナ」なのである。

このままヒト・モノ・カネの動きが停滞した状態が続くことになれば、グローバル社会の崩壊さえあり得ない話ではなくなるだろう。人類が築き上げてきたグローバル社会という仕組みの価値の大きさと、その巨大な可能性を失うことになってしまうのだろうか。

人類の知恵は、この停滞を放置することはないはずだ。人類の進化の歴史を見るまでもないことだ。文明の進化がとどまることはなく、未知の探求、将来の希求こそが人類に与えられた使命でもあるからである。

ただし、このまま社会の停滞が続いたとしても、これからの社会・経済がインフレ型社会、あるいはデフレ型社会のどちらかに極端に振れることは、現代社会の複雑な仕組みの中では、どちらも起こり得る。むしろ、産業の内容や違いによって、その盛衰の形はさまざまであると考えるのが自然であろう。

政府がどこまで適切な判断を下せるか

米国の経済学者ミルトン・フリードマンが主張した競争原理の導入による「グローバリズム」が次第にその評価を失い、その結果、資本主義の影ともいうべき、さまざまな主要国の覇権争い、経済格差の問題が浮上してきた。そうしたことが、今日の深刻な保護主義の台頭に関係していることにも、注目する必要がある。産業経済の多様な内容と、それをそれぞれの社会が受け入れる状況はさまざまであるということであろう。

世界の政治がさまざまな政策を進めるとしても、停滞のまだら模様は容易に消えることはないだろう。問題は、一律に判断できない状況に対して政府がどこまで適切な判断を下し、対応できるかである。しかもそれは「ウィズコロナ」の時代においては、疫学的な対応も刻々と変化・変異し続けるウイルスの動向を見据えたものでなくてはならない。

建築界も、そうした「まだら模様の現実」にどのように対応していくのか。「ウィズコロナ」によって引き起こされる社会・経済の複雑さにどこまで対応できるのか。一つの企業レベルの努力ではかなわない事態が身近に迫り始めている。グローバル社会に生きざるを得ない現実の中で、国内での秩序を見失った盲目的な競争が再び引き起こされることを危惧している。

（2020年8月19日）

アフターコロナと監視社会

世界的に見れば、いまだコロナ禍の被害は収まってはいない。WHOもパンデミックは加速しているとの認識である。ウィズコロナの状態から脱することは容易ではない。その一方、際立って身近になったのが「デジタル社会」という現実である。リモートワークなど、ネットワークを介した企業活動が新たな展開を見せたことは、デジタル社会の持つメリットを最大化するもので、今後の社会活動にも大きく影響することになるだろう。

しかしながらデジタル社会の進化は、メリットばかりではないこともまた確実だ。さまざまな負の側面も考えられる。最も危惧されることは、権力による「情報のコントロール」である。もちろん緊急事態に際しては、状況の把握や適切な処理・対応のために情報を政府などの組織が一元的に掌握することは不可避ではあろう。例えば今回のコロナ禍で、政府が緊急事態宣言を出したことなどはまさにそうした状況であったということである。われわれの「生身の身体」を離れたデータが集積されビッグデータとして取り扱われることは、さまざまな目的に対して有益なデータを提供する可能性はあるが、われわれの行動が逐一監視されるという不快な状況とも紙一重である。すなわち、監視社会への傾斜を意味している。

このように、デジタル社会には二つの側面がある。一つは開かれたネットワーク環境を通じて、新たな可能性を開く道である。もう一つが権力に結びついた監視の目である。開かれた環境は、ややもすれば権力と結びついて監視社会へと向かいかねないということでもある。

そして、権力による監視ばかりか、市民相互の監視を生み出しかねないこともデジタル社会における懸念である。「生身の人間」が消失し、人間に付随するデータの価値が重視される傾向がある。現在でもインターネットでは顔が見えない中、身勝手な発言が飛び交っている。そこでは「自制と批判」の相互関係による信頼は成立しない。批判がなければ自制は効かないが、批判もあまりに過度なものになれば、それもまた混乱を招くことにもなる。行き過ぎた批判はともすれば本来の批判の枠を超え、暴力的な相互監視へと容易に転化し得る可能性があるからだ。

情報社会は本質的に、権力由来のものであれ、市民相互のものであれ、常に「監視社会」

を内包していることを理解しておく必要がある。

現実社会においては保護主義と各国間の競争が激化している中で、時代に逆行するかのように情報の一元化的な管理を進めようとする動きは今後も続くだろう。グローバル社会の進歩ゆえの矛盾である。

都市や建築は、そうした社会の中でも健全な社会としての秩序を維持し、市民生活・活動の自由を担保する使命がある。そして個人や集団のよりどころとならねばならない。情報の管理＝監視の中でも「生身の人間を守る」という役割がなくなることはない。建築家の役割とその使命がまさに問われている。

（2020年8月21日）

自己責任論と都市・社会

新型コロナウイルス感染症は、現代社会のさまざまな課題をあぶり出しているように思う。医学的、経済的な課題に対する関心が大半だが、その周辺にあるさまざまな課題には十分な関心が持たれていないことに驚いている。

生き生きとした都市社会が成立しているのは、「多様な分野の共存」と「多様な人間の関係」が豊かであるからである。無論、建築や道路のような物理的なインフラ、そして医療や経済の存在も不可欠ではあるが、バベルの塔の寓話のように、豊かなコミュニケーションがなければ人間社会は分断と孤立によって次第に形を失い、崩壊してしまう。医療体制も経済的環境もそうしたコミュニケーションがなければ維持することはできないのである。言い換えれば、すべては複雑な関係の構築の成果によって成り立っているのである。

現代社会のコミュニケーションはますます多様になり、人間同士の直接的なコミュニケーションから、ネットを経由したより複雑で同時多発型コミュニケーションが成り立つようになってきた。一方、顔の見えない多発型コミュニケーションでは無責任な発言がまかり通っている。そうした無責任な行為に批判的な発言も多いようだが、そのどちらも所詮は無批判的に「自己の正しさ」を強調し、「自己の傍観者的立場」という安全な場からでの主張に過ぎない。

コロナ禍で噴出している自己責任論も同じような問題を表している。かつて、シリアにおいて武装組織に拘束されたフリージャーナリスト安田純平氏に対するバッシングも突き詰めれば自己責任論であった。自己責任を問うことは容易だが、それは果たして責任ある行為であろうか。例えばコロナウイルスは、目に見えない存在であり、誰もが偶発的に感染する可能性がある。それは自己責任というよりも社会全体の問題として捉えなければならない。他人を責めることは容易である。しかし自己責任論では何も解決しないし、その先に何も見えてこないのだ。自己責任論はコミュニケーションを拒否し、社会全体に恐怖という空気を蔓延（まんえん）させるだけだ。これはいわゆる恐怖政治である。

自己責任論は、都市社会にふさわしい議論ではない。このことを共有しなければ、人口減少が進む日本の都市・社会の先に見えてくるものはない。多様でコミュニケーションが成り立つことが都市・社会の豊かさなのである。

グローバル社会に生きることも同義である。グローバルなコミュニケーションがなければ国・社会の連携も崩壊する。いまや「協調と連携」の時代である。このような時に保護主義を行動に移している国々はいずれ行き詰まり、開放に向かうことになることは目に見えている。デジタル社会においては、世界は開かれた状態に進むからである。

コロナ問題を経て、開かれた環境、国や都市社会のさらなる豊かさをもたらすコミュニケーションの姿が創出されることを期待したい。

コロナ禍は、われわれ人類に投げかけられた知的問題解決への試練であると考えたい。

（2020年9月1日）

グローバリズムとグローバル社会

いまや社会の構造、言い換えれば資本主義の中身は大きく変わり始めている。新型コロナウイルスによる災禍がそうした変化を一層進めている。

手元にノーベル賞を受賞し、特別な業績を上げた3人の経済学者の著書がある。フリードリッヒ・A・フォン・ハイエク、ミルトン・フリードマン、そしてジェイムズ・M・ブキャナン・ジュニアである。それぞれの論点にはいくつかの相違はあるが、ともに政府機関の民営化などを唱えて、大きな政府では文明の価値が危機にさらされるとし、競争的市場経済の推進を唱えた。個人の自由な裁量権が守られない社会、私有財産権や競争の原理が機能しない社会はやがて崩壊につながる恐れがあるとした。ハイエクはケインズ派を批判し、大きな政府による公共投資が全体主義に向かいかねないことを指摘していた。フリードマンは現代のアダム・スミスともいわれ、市場の自由な活動こそが経済の本質であると指摘、最も有名な新自由主義者としてその潮流を誘導してきた。そしてブキャナンは両者の主張を取り入れながら、公共サービスを提供する人たちの個人的行動をミクロ経済の視点から分析した。

彼らの主張は、いわゆる新自由主義、グローバリズムとして一世を風靡したものの、現実の経済世界は必ずしもそうはならなかった。競争主義的な市場経済の暴走は社会の格差を増大させ、貧困を拡大してきたからである。そしていまや、世界経済はより複雑で、多様性をもって稼働している。すなわち、グローバル社会である。コロナ禍で停滞している感はあるが、世界中に張り巡らされたグローバル・サプライチェーン・システムが生産を支えるように、世界経済は地球規模で動き、一国の内部だけで完結する社会の仕組みは組み立てられない状態である。人の国際的な移動や交流はもちろん、国同士、あるいは国境を越えた自治体同士の活動も盛んになり、「グローバル社会」は日常的なものになっている。

「グローバル社会」とは、一つの価値観ですべてのルールを決めることではなく、それぞれの個性や生き方を尊重し、時間軸に沿った変化を許容しながら、課題を共有することを目標として掲げる。SDGs(持続可能な開発目標)もそうした理念の上に成り立っている。

グローバル社会に生きるという現実は、もはや後戻りはできない現実だ。個々人が生き生きとした存在感をもって、グローバル社会の中で生きていくための未来を担う開発目標は極めて重要である。ここで理解しておきたいのは、現実であるグローバル社会と、競争主義的なイデオロギーの一種であるグローバリズムは根本的に異なるということだ。経済的利益を追求する主義・主張と自由を称揚する態度は、社会的課題に対する貢献や責任という点で相いれないものだからである。政治が持つ特定な「イズム」にそのまま染まるほど社会の構造は単純ではない。われわれにいま問われている課題は、そうしたグローバル社会に生きる意味であり、建築界もその問いには当然、応える必要がある。

（2020年9月11日）

都市社会に潜む本質を読む

時代環境が大きく変わり始めている。新型コロナウイルス感染症の拡大によって、モノやヒトの動きが滞った結果、インターネットをはじめとするデジタル環境にわれわれは大きく依存することとなった。例えばその一つ、経済活動を促す消費の面では、通信販売がさらに効率的で利便性が高い形にアップデートされ、日常的な消費行動自体が変化しつつある。また、テレビ会議のようなオンラインによるビジネスのやり取りも瞬く間に定着した。そうした日常生活全般におけるプレゼンス技術、すなわちヒトやモノの所在を把握する技術の進化による利便性の向上は現在、未曽有の速度と規模に至っている。それはまさに、フランスの哲学者ポール・ヴィリリオが1970年代に「来る時代は速度とその拡大である」と指摘したとおりである。ただし、こうした事態の出来（しゅったい）が、疫病によるということまでは、ヴィリリオの慧眼（けいがん）も見通せなかったのではないだろうか。

一方、国家間の覇権争いにまで、そうしたプレゼンス技術による「利便性の追求」をめぐる高速化が波及している。例えば、先日トランプ米大統領が表明した、中国の動画投稿アプリ「ＴｉｋＴｏｋ」と通信アプリ「微信」の排除である。特に「ＴｉｋＴｏｋ」については運営企業であるバイトダンスに対し、個人情報が中国政府による監視に利用される懸念があるとして、トランプ大統領は米国内の事業の売却を命じた。また、米政府は国内の株式市場に上場する中国企業に対する監査基準の厳格化を検討している。これにより、アリババなど、米国市場に上場している中国企業約２５０社が上場廃止になる可能性があるという。この背景には中国の企業であるかどうかを問わず、個人情報を企業が独占的に収集・管理することに対する米政府の危機感が透けて見える。

監視社会は人間社会の本質

しかしながら、いまやわれわれの社会活動は、アマゾンやアリババといったＩＴ企業なしには成り立たない。つまり、われわれの社会生活が消費という基準を中心に巡り始めているのである。

消費やマーケティングに関する業務は本来、民間企業が関わる部門であったが、それも行政の仕事との境界が曖昧になりつつある。いうなれば、情報を管理する主体が時に国家であり、時に企業であるという極めて複雑な状況になっているということである。それは中国のみならず、米国や日本においても同様であろう。では情報が独占された結果、どのような事態が起こり得るのか。単純に考えれば、すべての個人情報が誰かに知られるという「監視社会」である。

カナダのクイーンズ大学教授である社会学者デイヴィッド・ライアン氏は『監視社会』(青土社、2002年)をはじめとする著作で、「監視」について「監視には常に二つの顔がある」と示唆に富む指摘を行っている。つまり、われわれは監視される対象でもあるが、監視すること自体は、社会を構成する個人の身分や出自を保証するために社会が必要とする管理機能でもあるがゆえに、われわれは監視の主体でもあり得るということだ。しかしながら、今日の情報社会においてはそうした監視の領域がますます拡大し、さらに不可視化されることにより、新たな問題が発生することが考えられるというのが彼の指摘である。「今日の監視は、人間集団を分類・類別化する手段」であるがゆえに、個人のプライバシーという観点からの対抗手段も有効なものにはなり得ないという。

さて、筆者はこうした監視の目の存在について、欲望の本質に関わる問題として捉えている。それは、「戦争の世紀」を生きた政治学者ハンナ・アーレント（１９０６－75年）が「権力は人民にあり」と共和制ローマの原則を引用しながら指摘したことである。権力は暴力とは異なり、人々が集まり、言葉と行為によって活動することで生まれる集団的な潜在力であるとし、それらを判断する人たちが生み出すことこそが現実の世界であるとした。

すなわち、人間は他者との関係において初めて社会を持つことができ、信頼関係を構築できるのである。そう考えれば、国家などのような権力による上からの監視に加え、市民自らの欲求に基づく下からの、あるいは横並びの監視も増えることになるのは当然のことといえるだろう。そして双方がそれぞれに監視を強化する構造が生み出されるという矛盾に、われわれはさらされることになる。

管理と監視の都市空間での生き方

ここで都市のあり方を考える時、監視という行為も、われわれの社会・生活を支える基本でもあるという極めて重要な問題に気付く。例えば交通をはじめとする都市インフラは、滞りない運営を目指す管理に加え、異常を検知するための絶え間ない監視のもとに成り立っている。それがライアン氏のいう社会の中に組み込まれた「監視」の機能である。

いまや都市を捉える視点が物理的場所性・特性よりも、フローの空間としてデジタル空間の中で生起する資本・情報・テクノロジー・イメージ・シンボルの流れで構成されるものになりつつある。それはまさにグローバル社会の中で成立する都市の概念なのだといっても過言ではない。

そのように、これからの都市空間はＡＩ（人工知能）やＩＴによるさらなる利便性の向上を背景として、グローバル社会の中で流れていくように捉えられることになるであろう。しかしながら、それを享受するには、人々はますます監視のもとに生きなければならないという、逆説的な現実に向き合わざるを得ないのもまた事実である。先に示したように、社会に生きるという文脈の中では、個人や集団のプライバシーは管理と監視を行う主体との関係性の中で構築されることになる。それへの対処方法、すなわち、利便性を求める欲求と、ますます強化されるであろう監視とそれからの回避との接点をどこに置くのか、その境界を見失う危うさの中に、未来の都市空間に生きるわれわれ自身の思考と行動による主体的生き方がより一層強く問われることになる。

（２０２０年９月16日）

小さな都市の魅力

日本の観光産業は、新型コロナウイルス感染症の影響により、いまや壊滅的な状況に陥ってしまった。

バブル崩壊以降、政府は金融政策や財政出動など経済政策を進めてきた一方で、インバウンド（外国人観光客）による観光産業の隆盛に大きな期待を寄せてきた。実際、数年前から政府は、2020年の外国からの訪日旅行者について、その数を4000万人、消費額では8兆円という目標を掲げていたが、コロナによって一気にほぼゼロという悲惨な状況になってしまった。観光庁による19年の「旅行・観光消費動向調査」によると、訪日外国人旅行の消費額は4・8兆円で、東日本大震災で大きく落ち込んだ11年の0・8兆円の6倍にまで成長していたが、それがほぼ失われることになったのである。

それにも増して、国内旅行者の停滞も大きな誤算になってしまった。同調査によると、日本人の国内宿泊旅行費は17・2兆円、日帰り旅行費は4・8兆円であるが、それが外出の自粛などにより大きく下方修正せざるを得なくなったのである。

そうした中で、政府はＧｏＴｏキャンペーンなどにより、国内旅行者の掘り起こしを進めているが、これまで言い続けてきた地方創生を確実にしていくことの重要性を実感しつつある。

しかしながら、改めて政府や大手の旅行代理店や宿泊業者が考える、数字だけを根拠にしている観光産業における問題点を指摘する必要があるだろう。どれだけ地方創生を唱えても、地方都市が持つ本来の魅力を生み出す工夫がなければ意味がないことは繰り返しいわれてきたことであるが、それも大上段に構えた話ばかりで、地元に密着した地に足のついた活動が立ち上がることは少なかった。それが最近では、政府や自治体からの補助金ありきの受け身の発想から脱却して、やる気と情熱のある団体や個人が自由な発想のもとに進める観光ビジネスが生まれ、地方に本来の活力を生み出し始めたのである。そこに注目したい。

例えば、特色ある地場の食材を活用したレストランやカフェなどのように、そこでしか楽しめない食事が地方都市の新たな魅力となっている。そうした食の楽しみに加え、独特な景色を楽しめる空間を求める機運は高まりつつある。そうした流れに呼応した宿泊施設を街の個性にふさわしくつくる。例えば、道の駅のような機能に食の空間と移住者向けの小さな集合住宅を併設させてもよいだろう。東京近郊では三浦海岸沿いであったり、関西圏では淡路島の西海岸であったり、都会では味わえない楽しみを求めて、遠方からでも人が押し寄せる。いま、そうした魅力的なレストランやカフェ、ホテルなどが地方の都市の小さな場所に咲き始めている。

政府からのお仕着せの地方創生ではない、そして観光ビジネスという数字を前提とした地方再生やビジネスだけを対象とした観光政策ではない、地に足のついた店舗から始めて、それを足掛かりにさまざまな付帯施設を考えていく。そうした都市のつくり方に戻す時が来たように思う。

（２０２０年9月24日）

ウィズコロナと分散化経済

テレワークやリモートワークなどにより、通勤や出張のような移動が少なくなったことで、仕事の内容も変化しつつある。仕事場であるオフィスについても、１カ所にスタッフを多く集める集約的な大型オフィスから少人数に分散化する傾向が見られる。例えば本社機能に対するサテライトオフィスである。言い換えればオフィスのＡＢＷ（Activity Based Working）化ともいえよう。仕事の内容や住む場所に応じて、多様な働く場所を提供することである。利便性の高い場所にいくつかのサテライトを分散的に配する、ネットワーク型の企業形態である。

その最先端にあるのが「ギグ・エコノミー」である。ギグとは音楽業界の用語で、ミュージシャンがその場限りで行うセッションのことを指す。ここからインターネットを通じて、単発の仕事を受注する働き方や経済形態のことをギグ・エコノミーというようになった。そのように働く人たちをギグ・ワーカーと呼ぶ。そうしたアドホックな事業形態が、新型コロナウイルスによってさらに多くの関心を呼ぶようになってきた。

米国の人材業界専門メディアのSIAによれば、2018年の米国でのギグ・エコノミーの人材規模は5300万人、経済規模は1・3兆円に上るという。日本でもよく見かける、いま流行のウーバーイーツもその典型である。そのウーバーイーツを運営するウーバー・テクノロジーズのような、自動車の配車事業などで働く人の多くがギグ・ワーカーである。そのほか、個人宅の宿泊を仲介する「Airbnb」などもギグ・エコノミーの代表的な企業として知られている。インターネットの時代にあって、個人が個人事業者として働きやすい環境が急速に整ってきたということであろう。

しかしながら、こうした利便性が先行するギグ・エコノミーがこれからも労働市場におけるトレンドであり続けることになるのかについてはいくつかの疑問もある。ワーカーにとっては安定的な雇用形態が確保されていないことや、参入障壁が低い単純労働の場合では報酬額が低下することが考えられるからである。こうした状態が放置されていては、ギグ・エコノミーが長続きしないばかりか、一過性のトレンドで終わる可能性が高い。ウーバー関連企業も同様なトラブルを抱えている。

しかしここで看過できない重要な問題は、新型コロナによって見えてきたデジタル・ネット社会における大型化から分散化への流れである。ネットワークの力によって、小さな個が大組織に依存することなく、その才能や能力を自由に、自立しながら、発揮していく傾向はますます拡大していくことは必然だといえる。ギグ・エコノミーのスタートアップ企業が増加し、そこで働くワーカーも増えていくだろう。しかしながら、そうした個の自由の背後には社会的なリスクが必ず存在している。そのリスクとどのように向き合うのかが問われなければ、その可能性は開くことはない。

ギグ・エコノミーが展開の成り行きを試されている。

（2020年9月29日）

次世代を担う都市のデジタル化

社会のグローバル化が瀕死の状態にある。

多くの経済学者は「市場の拡大が経済成長を促す」と唱えてきた。その基盤として、世界中を網羅するように張り巡らされたグローバル・サプライチェーン・システムが生産性の向上に寄与するとされてきた。だが、いまその経路が途絶え始めている。新型コロナ禍によってヒトやモノの動きが停滞しているからである。ロックダウンのような都市の活動を止めてしまう事態は、人類の文明の否定にもつながるほどの、未曽有の大事件だったといえよう。

しかしながら、この「停滞」は今後の飛躍の前触れであると思う。そのかぎを握るのは、デジタル技術の進化である。

いまや重厚長大のモノづくり産業は一気に衰退しつつあるといっても過言ではなかろう。実際に、世界の企業の業績、収益構造が20世紀のそれとは入れ替わるほどの事態が起こり始めている。2020年9月8日の日本経済新聞にそれを如実に表す記事が掲載されていた。主要企業の直近四半期の純利益ランキングが激変したというのである。1位こそ投資家ウォーレン・バフェット氏率いる米国の投資会社バークシャー・ハザウェイだが、日本のソフトバンクグループが2位、米国のアップルとマイクロソフトがそれぞれ3位、4位、そのほか、中国のアリババ集団やテンセント、京東集団などIT企業が上位に食い込んでおり、まさに革新的な変化が起きているといえる。

日本でも同じような事態が起こりつつあるわけだが、いま大事なことはわれわれが住み、暮らし、活動する都市のありようである。

例えば、20年5月に法案が成立した「スーパーシティ」構想などが代表的なものとして挙げられるだろう。「スマートシティ」による各分野での技術革新を横断的にまとめようとするものである。その一方で、高度成長期に郊外にスプロール化して広がった都市が、現在の人口減少や高齢化などいわゆる「社会のシュリンク現象」に対応するために構想されてきたのが「コンパクトシティー」である。しかしながら、コロナによってそうした都市の集約化・近接化・密度化など、都市のコンパクト化の必然性が揺らぎ始めているようにも思われる。

このことは、日本社会のデジタル化が次第に都市の構造にまで及び始めたということなのではないだろうか。

そして冒頭に述べたように、いま新型コロナ禍はヒトやモノの移動を滞らせることで、社会経済活動ばかりでなく、文化的活動までも停滞させている。これは人類始まって以来の出来事なのである。戦争でさえ、ヒトやモノの一切の移動が停止することはなかったのだから。

その意味では、新型コロナによる災禍はこうした未曽有の出来事により、われわれの文明を大きな変曲点に導いたともいえるだろう。それはまさにデジタル社会の到来とアナログ的社会の融合の時代の新たな幕開けの象徴である。

すなわち、新型コロナによって新しい日常が始まる中、「リモート」による社会活動のあり方も変わり始めている現実である。企業の移転やサテライトオフィスへの分散化、そして自宅での勤務など、さまざまな社会活動が変化していく。それが都市の形にも影響を与えていくことは間違いないだろう。つまりはデジタル社会の進歩が現実の都市の構造にも及び始めたということである。

もちろん、そうしたことによってコンパクトシティーの意義が失われるというわけではない。現実の空間に暮らす人間の存在がなくなるわけではないからである。そして、実際に物理的に対面してコミュニケーションを図っていくことが人間社会の基本的なあり方だからである。さらに、モビリティー革命に加え、安全・快適に移動できることも、コンパクトシティーという発想の原点の一つとして重要なことだろう。

その上で「変化する日常」をも受け止めて、この三つの構想は本来は一つに重なると考えることができる。デジタル社会のインフラが都市の新たな構造となり、われわれのライフスタイルばかりでなく社会の活動の様相をも変え、そして都市のありようも変わるということなのである。

われわれは、グローバル社会の中にいる。ヒトやモノが世界を駆け巡る時代である。新型コロナは、そうした動きを一瞬停めてしまったために大騒ぎになったのである。

しかしながら、私はこの「停滞」は一時の問題だと考えている。もちろんこの一時というのが問題なのだが、これは変化する時代に対し、英気を蓄えさらなる高みを目指すためのものであろう。あるいは、江戸時代の鎖国のような状態であるともいえるのではないか。鎖国下の日本では、外国の動静に左右されることなく極めて高いレベルで人々の感性が開花し、江戸文化という独特な文化が栄えた。そのように、ウィズコロナ、アフターコロナの未来を考える新たな時間と場面を取り戻す機会を与えられたと捉えるべきだと思っている。

もちろん過去の歴史に拘泥することなく、デジタル社会に適切に対応するという意味でも、日本のこれからの都市のありようは極めて重要である。グローバル・デジタル社会の中での国や社会のスタンスが問われているのである。デジタル社会の問題だけではなく、現実の世界に密着した世界との関係を示すことがなければ、単にバーチャル空間に生きる方法だけが宙に浮くことになる。

「スーパーシティー」「スマートシティー」そして変わり始めた「コンパクトシティー」それぞれの構想は、日本がいま世界に向けて発信すべき課題であると同時に、先進的世界に後れを取りつつある日本の現実を見直す最後のチャンスであると考える。

（２０２０年10月21日）

組織の再編に思う

ハンコ問題で確認、承認のあり方が揺れ動いている。デジタル化が推進されている中、承認の証としての捺印は時代に逆行している。捺印を日本の文化という人もいるが、それは書画など美的な意味でのことであろう。

むしろ、事態の本質は捺印を通して見えてきた問題にある。それは、組織内の決済のあり方である。下は係長から始まり、課長補佐、課長、部長、局長(室長)から社長、役所でも担当から始まり、局長、副市長、市長、さらに都道府県では知事まで上がるのには大変な数の印鑑が必要になる。国では担当から始まり次官、大臣、首相という序列ですべての印鑑承認が求められているという。この現状は、まさに責任の所在を不透明にする制度的悪習であると思う。

しかしながら、さらに掘り下げて考えれば、本当の問題は決済を含めた組織のあり方にある。階層的な序列によって、問題の所在を分散化させることこそが問題であるということを認識しなければ、結局はハンコ不要論も意味のないものになりかねない。

テレワークなどの新しい働き方が一気に普及し、働き方ばかりか社会のあり方、人間の暮らし方が大きく変わろうとしている時、固定化され、細かく階層化、序列化された形態によって、オフィスの空間や席の配置に至るまで囲い込む組織のあり方は、もはや社会の現在を捉えていない。デジタル技術の普及の結果、どこにいても仕事が可能になりつつある。とりわけ事務作業は空間に関係なく行えるようになっている。もはや序列的な構成による組織のあり方は形骸化する運命にあるといってよいだろう。デジタル社会に即した組織の形が問われることになるということだ。

組織の性格や個性は、当然その形態に表れる。組織図に限らずオフィスの配置も同様だ。序列化を形にしたような固定的な空間配置などは意味を持たなくなる。部署の枠組みを超えたグループ、あるいは、異業種によるグループなども考えられる。オフィス空間の制約は少なくなり、自由度が増していくことはいうまでもないが、ここで重要なことは、通常の執務空間に加えて、さまざまな対面的交流を促す空間が不可欠になるということだ。快適で、ちょっとした息抜きもできるような空間である。執務空間とは異なるコミュニケーション、出会いが起こり、新たな発想が生まれるのではないか。

デジタル環境の進化は、場所に拘束されることのない働き方を実現したが、一方で、より濃密な対面的交流のための空間の必要性を、われわれに改めて気付かせることになった。無論、こうした経験はいつの世においても起こり得る。自動車や電車といった移動手段が普及すれば、人間は徒歩での快適な空間体験を希求するようになった。また電話が普及しても、対面的コミュニケーションはなくならないことを考えれば当然なことであろう。

事務所空間の再編がいよいよ起こり始めるのであろうか。ハンコ問題を一つの契機に、創造的な組織の考え方に大きな動きが起きるのではないか。期待したい。

(2020年11月2日)

都市の歴史の終焉がもたらすもの

新型コロナウイルス感染症の収束はいまだおぼつかないが、経済の回復に力点が置かれ始めている。社会活動のためにも経済が重要であることはいうまでもない。そしてその経済問題は、実は都市活動のありようにかかっている。都市が疲弊すれば、たちまち経済活動が滞る。都市のロックダウンはまさにそのことを示している。

米国での新型コロナの感染拡大はとどまることを知らない勢いの中、ニューヨークでは都市の疲弊を象徴するような出来事が起きている。老舗のホテルが次々に閉鎖に追い込まれているのだ。１９２４年開業の名門ザ・ルーズベルト・ホテルも閉じられるという。

また、セントラル・パークの池の畔にあるレストラン「ローブ・ボートハウス」も閉鎖することになったと聞いて驚いている。かつて訪れた筆者にしてみれば、ニューヨークといえばセントラル・パーク、そしてセントラル・パークといえば「ローブ・ボートハウス」だったのである。貸しボートがあって、食事とボート遊びができる、ニューヨークの空気を味わうことのできた大好きな場所だった。その場所と伝統が失われる。都市の明かりともいうべき光景を失うことは、都市の大切な個性を失うことに等しい。同様の事態はパリでも起きている。著名な劇場やレストランなどが次々に閉鎖に追い込まれているというのだ。日本でも由緒ある旅館が営業を停止するなどの事態が次々に報道されている。

都市の歴史を形づくってきたスポットが失われれば、都市の秩序と記憶も失われていく。やがて、さまざまな犯罪も起こり始める。ニューヨークでは殺人や強盗、窃盗などの犯罪が例年に比べて一気に拡大しているという。もちろん、失業者、空き家も増えている。一時期持ち直したといわれていた治安が再び悪化しつつあるのである。

翻って、日本はどうだろうか。犯罪が増えているという話は聞かないが、これから予想される景気後退に伴って、都市が疲弊し、そこかしこにほころびができ始めれば犯罪は増加するだろう。

フランスの作家バルザックは、都市には表の顔と裏の顔があるといった。都市の裏には表には出せない後ろめたい様相が描かれているものだが、それも含めて都市という存在であることはいうまでもないだろう。犯罪のような悪や、魔物のような犯罪者も都市の一部として消し去ることはできない。しかしながら、そこに一抹の真実が含まれているとしても、いまニューヨークやパリ、東京などの大都市に起こり始めている「歴史の閉鎖」とそれに関連した問題は、都市を裏と表の両面からむしばんでいるように思えてならない。その結果、都市の継続性が損なわれる。都市は一朝一夕に出来上がるものではなく、長い年月をかけて出来上がるのだから。

それでも、都市はとどまることを知らない。いまコロナで荒廃しつつあるとしても、都市は荒廃するのと同時に再生しようとしている。と考えるべきなのかもしれない。そう思いたい。

（2020年11月12日）

ＤＸという概念の創出が問うもの

新型コロナウイルス感染症が再び猛威を振い始めている。特に欧米諸国ではそれが顕著である。ＥＵ諸国でも、２０２０年9月半ばくらいまでは比較的沈静化していたものの、10月に入ってから急激な勢いで感染者が増加、フランスやイタリア、英国などの各国では特に深刻で、1日に2万人を超えるほどの勢いとなっている。さらにいまや世界最大のコロナ感染国である米国では、12月に入って1日に20万人もの感染者が報告されている。このように、都市活動がほとんど機能しなくなる状態が再び到来しつつあるようだ。日本でも、冬の気配の中、第3波ともいえる状況で深刻さは増すばかりである。

このような状況の中で、デジタル環境の整備により、社会がさまざまな変化と革新へと歩み始めている。直接的な対面型のコミュニケーションから何らかのハードウェアを通しての間接的なデジタル・コミュニケーションへの変革であるといってもよいだろう。これは言い換えれば、ＤＸ（デジタルトランスフォーメーション）への第一歩ともいえるが、そこで重要になるのは単に相互のつながるスピードの向上だけではない。無数ともいえる「連携の確立」と「未知の発見」である。

最も原初的な能力はアートに対する感性

ところで、人間の能力には二つの側面があることに注目したい。一つは自己の世界を広げる能力である。もう一つは個を独立させる能力である。個の保全といってもよいが、個を確立させることである。こうした能力をさらに拡張することができるようにするのがまさにDXなのである。DXが生み出すのは、いままで出合うことのなかった連携＝ネットワーキングによって生まれる新たな可能性である。対面型コミュニケーションでは到底実現できないコミュニケーションの方法の変化による革新こそが、新型コロナ禍によって逆説的ながら、一挙に見えてきたということなのだ。

しかしながら、デジタル・コミュニケーションにおいてさらに付け加えられなければならないのは、「アートに対する感性」である。人間が、広大無辺のネットワークを流れる無限のスピードを持つデータに対処することが可能になるのは、人間が本来備えている最も原初的な能力であるアートに対する感性が直感的に作用するからである。無限の状況から何を選ぶかは、まさに直感なのである。その直感を支えるのがアートだといってもよいだろう。

この関係は人間の脳の機能に類似している。脳は神経細胞＝ニューロンの集まりであり、ニューロンのネットワークとして構成されている。そして、大まかにいってニューロンを支えているのがグリア細胞である。アートと人間の直感との関係も、人間の脳におけるニューロンとグリア細胞の関係に近いように思える。アートの持つ感性が、いかにコミュニケーションをぶれることなく豊かに誘導していくのか。

直感こそが無機質なデジタル空間つなぐ

人類の起源は、遡れば200万年前のホモ・ハビリスから始まるとされるが、現代人のもとになったホモ・サピエンスが誕生したのはそれよりももっと遅く、約25万年ほど前だといわれている。ホモ・サピエンスはいわゆる旧人と呼ばれるネアンデルタール人と同時に存在していたが、およそ4万－2万数千年前にネアンデルタール人が消滅し、クロマニョン人、すなわちホモ・サピエンスだけが現生人類として存続することになった。そうした人類史の研究の中で明らかになったのは、ネアンデルタール人は現生人類より脳の容量が大きく、頑健な体格を持つ人種であったが、ホモ・サピエンスに比べて小集団による生活をしていたという。

すなわち、相互のコミュニケーションが少ないため、情報処理や伝達能力を活用する機会に恵まれなかったということだ。一方のクロマニョン人は、体力的にもネアンデルタール人に比べると劣っていたと考えられているが、クロマニョン人はより大きな集団で暮らしたことで、コミュニケーション能力が発達した節があるといわれている。コミュニケーションが発達すれば、情報の伝達が容易になり、生存競争的にも有利になるだろう。その意味ではコミュニケーション能力が、現代社会においても極めて大きな意味を持つことになったのは偶然ではない。

いま、そうしたかつてのコミュニケーションの形から、新たにデジタル社会のコミュニケーションへと進化が始まったのである。この現実こそ、新型コロナによって呼び起こされた新たなトランスフォーメーションではなかろうか。

さらに重要なことは、クロマニョン人は、アートについての意識を身につけていたといわれていることだ。壁画や貝殻による装飾品などにもその痕跡が残されている。すなわち、ホモ・サピエンス（クロマニョン人）は、4万年前から既に現代に通じる重要な能力を身につけていたということなのである。すなわち、コミュニケーション能力に加え、ネットワークの中で情報を読み取り、処理するアートという直感の部分である。

新型コロナ感染症によって自粛を余儀なくされた現代社会にあって、これからDXが進化しようとしているいま、新たに見えてきたのはまさに時間を超えた4万－2万数千年前のネアンデルタール人消滅の事実である。ネットワークでつながった中でのコミュニケーションのあり方と、無機的なデジタル空間をつなぐには、アートという直感こそが必要であり、それが人類の進化を支えてもきたのだということである。

新型コロナによって、都市のロックダウンという事態から、この三つの概念の新しい世界に踏み込み始めたということなのである。それはまさにＤＸによる新たな世界の創出である。

（２０２０年12月16日）

おわりに

私の建築に関する思いや疑問、そして社会への提言を、長年にわたって日刊建設通信新聞に「建設論評」として連載してきた。そして、それらをまとめて、一つの節目をつくる意味で、数年に一度単行本として出版してきた。社会の変化と建築界の問題について、私の視点から見えてくる何かを表現したいという思いで綴り続けたものである。

何度も書籍としてまとめてきた中で、私がこだわってきたことの一つに、表題がある。表題には私のその時の感情や心情が投影されているといってもよいだろう。

建築は、多様な社会の現象を反映するものだ。現代建築においても、昨今のグローバル社会に生きているというわれわれの環境が確実に映し出されているはずだが、その同時代性ゆえに、それが果たしてどこまで自明であるかは容易に解きほぐせる問題ではない。したがって、その検証はなおざりにされているというのが現実であろう。

現代建築が常に抱えている同時代性の問題に多少なりとも切り込めたらという思いで綴り続けてきた文章をまとめたのが本書であり、それを最もよく表すものが表題であると思っているが、この表題については、いまだ逡巡しているというのが実際の気持ちである。

「現代建築」という総体について、「なぜ受け入れるのか」といういわば大きな問いを投げかけるべきなのか、それとも「現代建築」を織りなす諸要素に対する個別的、限定的な問いかけとして「何を受け入れるのか」とする方が適切なのか、いまだに思い悩む気持ちは払拭されていない。

結果的には全体論的な「なぜ」を選択したが、むしろ個別的な問い「何を」については読者諸賢にお読みいただいたうえ判断していただく方が適切だとも考えている。

いずれにせよ、どのような形であれ、本書が読者諸賢にとって、一つの問題提起のあり方を示すことになれば望外の喜びである。

2021年2月吉日

細田 雅春

著者紹介

細田　雅春

（ほそだ・まさはる）

株式会社佐藤総合計画代表取締役社長

1941年東京生まれ

日本大学理工学部建築学科卒業

公益社団法人日本建築家協会会員

元一般社団法人日本建築学会副会長

❖著書

『建築へ』（INAX出版）

『建築へ02』（日刊建設通信新聞社）

『建築へ03　バリュー流動化社会』（同）

『文脈を探る　どこへ行く現代建築』（同）

『界面をとく　現代建築のゆくえ』（同）

『生む　Re-Birth』（同）

『棘のない薔薇』（同）

❖代表作品

秋川キララホール（1989年竣工、BCS賞）

東京ビッグサイト（1995年竣工、BCS賞）

広州市国際会議展覧中心（2002年竣工、詹天佑土木工程大奨、全中国十大建設科技成就）

神奈川県立近代美術館　葉山（2003年竣工、公共建築賞）

オーテピア（2017年竣工、BCS賞）

ミライon（2019年竣工）

社会はなぜ「現代建築」を受け入れるのか

2021年3月26日　第1刷発行

著者……細田 雅春

発行者……和田 恵

発行所……株式会社日刊建設通信新聞社
〒101-0054
東京都千代田区神田錦町3-13-7
電話03-3259-8719
FAX 03-3233-1968
http://www.kensetsunews.com/

ブックデザイン……鈴木一誌＋大河原哲

印刷・製本……株式会社シナノパブリッシングプレス

ISBN978-4-902611-85-4

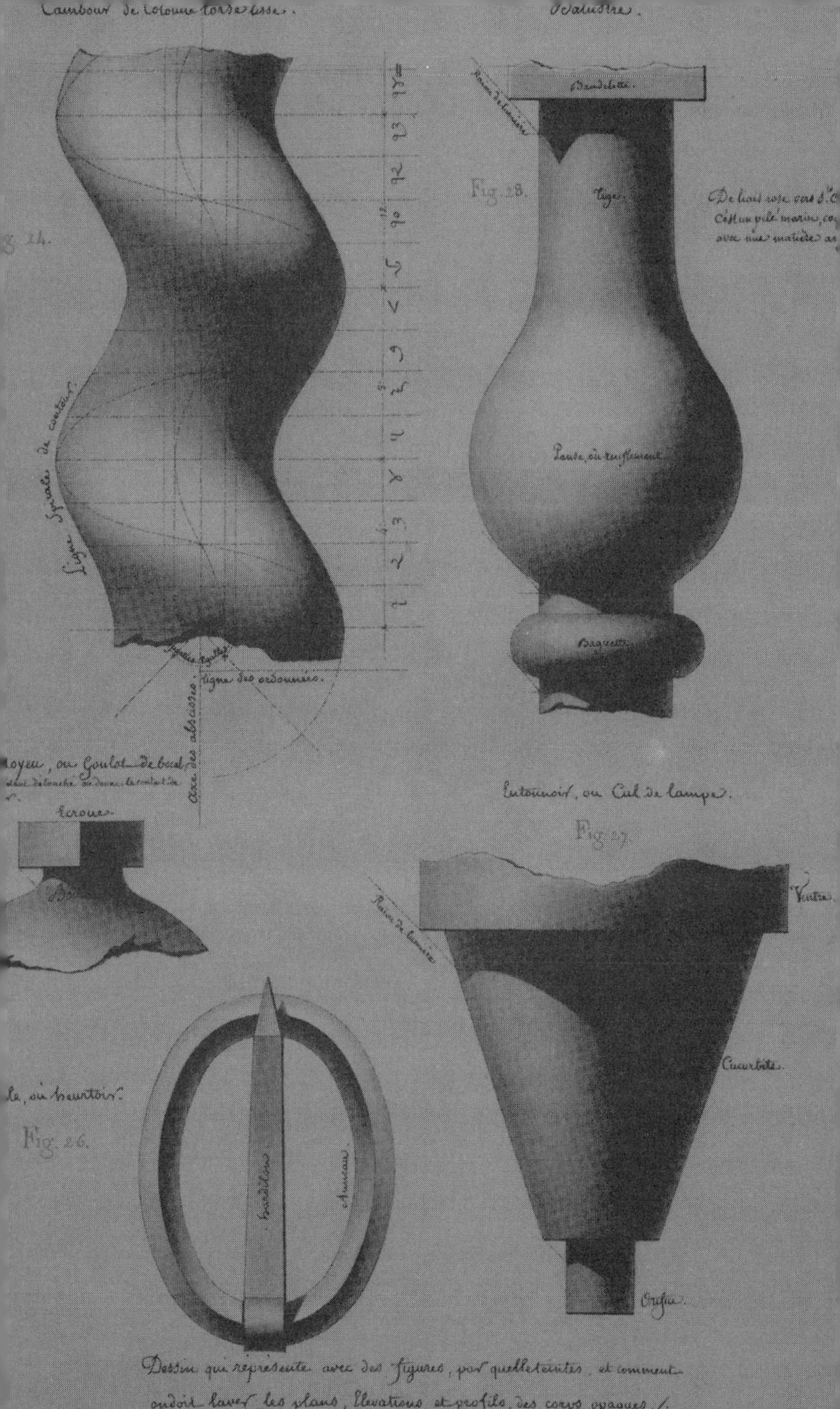

Dessin qui représente avec des figures, par quelles teintes, et comment on doit laver les plans, Elevations et profils, des corps opaques /.